國學三經叢書

# 唐楷道德經

（春秋）李耳撰

（晉）王弼注

文物出版社

圖書在版編目（CIP）數據

唐楷道德經 /（春秋）李耳撰；（晉）王弼注. — 北京：文物出版社，2024.3
ISBN 978-7-5010-8397-8

Ⅰ. ①唐… Ⅱ. ①李… ②王… Ⅲ. ①《道德經》
Ⅳ. ①B223.1

中國國家版本館CIP數據核字(2024)第056501號

國學三經叢書

唐楷道德經　（春秋）李耳撰　（晉）王弼注

策　　劃　[illegible]同
責任編輯　劉永濤
書籍印製　張道奇
出版發行　文物出版社
社　　址　北京市東城區東直門內北小街二號樓
郵　　編　一〇〇〇〇七
網　　址　http://www.wenwu.com
印　　製　三河市文通印刷包裝有限公司
經　　銷　新華書店
開　　本
印　　張　十六
版　　次　二〇二四年三月第一版
印　　次　二〇二四年三月第一次印刷
書　　號　ISBN 978-7-5010-8397-8
定　　價　三百八十圓

圖書在版編目（CIP）數據

唐楷道德經 /（春秋）李耳撰；（晉）王弼注．--北京：文物出版社，2024.3

ISBN 978-7-5010-8397-8

Ⅰ．①唐…　Ⅱ．①李…②王…　Ⅲ．①《道德經》Ⅳ．① B223.1

中國國家版本館 CIP 資料核字 (2024) 第 056501 號

國學三經叢書

# 唐楷道德經

（春秋）李耳撰　（晉）王弼注

策　　劃　鄭　同
責任編輯　劉永海
責任印製　張道奇
出版發行　文物出版社
地　　址　北京市東城區東直門内北小街二號樓
郵　　編　一〇〇〇〇七
網　　址　http://www.wenwu.com
印　　刷　三河市文通印刷包裝有限公司
經　　銷　新華書店
開　　本　十六
版　　次　二〇二四年三月第一版
印　　次　二〇二四年三月第一次印刷
書　　號　ISBN 978-7-5010-8397-8
定　　價　三百八十圓

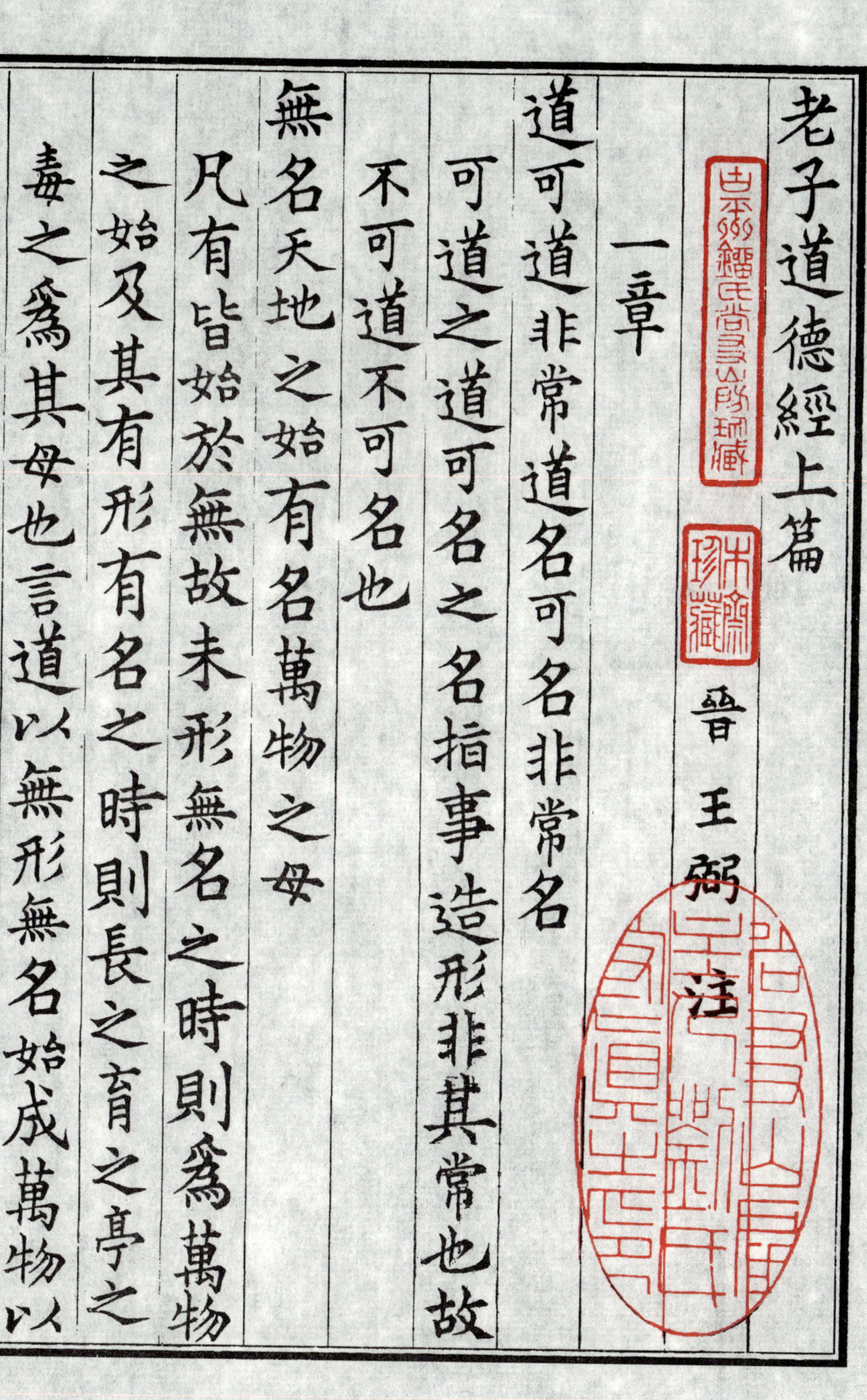

# 老子道德經上篇

晉 王弼注

## 一章

道可道非常道名可名非常名

可道之道可名之名指事造形非其常也故不可道不可名也

無名天地之始有名萬物之母

凡有皆始於無故未形無名之時則爲萬物之始及其有形有名之時則長之育之亭之毒之爲其母也言道以無形無名始成萬物以

始以成而不知其所以玄之又玄也

故常無欲以觀其妙

妙者微之極也萬物始於微而後成始於無而後生故常無欲空虛可以觀其始物之妙

常有欲以觀其徼

徼歸終也凡有之爲利必以無爲用欲之所本適道而後濟故常有欲可以觀其終物之徼也

此兩者同出而異名同謂之玄玄之又玄衆妙之門

兩者始與母也同出者同出於玄也異名所施不可同也在首則謂之始在終則謂之母玄者冥也默然無有也始母之所出也不可得而名故不可言同名曰玄而言謂之玄者取於不可得而謂之然也謂之然則不可以定乎一玄而已則是名則失之遠矣故曰玄之又玄也衆妙皆從同而出故曰衆妙之門也

二章

天下皆知美之爲美斯惡已皆知善之爲善斯不善已故有無相生難易相成長短相較高下相

智慧自滿於德則德也

不恃

行不言之教萬物作焉而不辭生而不有為而

自然已足於德則足也

是以聖人於修德之事

不可離學之明教也

是非同門故不可於離學也以其智慧自然

美惡論善惡也善不善論是非也善惡同根

美者人心之所樂論也惡者人心之所惡也

說音聲者者相故音聲

傾音聲相和前後相隨

美者人心之所樂進也惡者人心之所惡疾也美惡猶喜怒也善不善猶是非也喜怒同根是非同門故不可得偏擧也此六者皆陳自然不可偏擧之明數也

是以聖人處無爲之事

自然已足爲則敗也

行不言之教萬物作焉而不辭生而不有爲而不恃

智慧自備爲則僞也

功成而弗居

因物而用功自彼成故不居也

夫唯弗居是以不去

使功在己則功不可久也

三章

不尚賢使民不爭不貴難得之貨使民不爲盜

不見可欲使民心不亂

賢猶能也尚者嘉之名也貴者隆之稱也唯能是任尚也曷爲唯用是施貴之何爲尚賢顯名榮過其任爲而常校能相射貴貨過

功成而弗居

因物而用功自彼成故不居也

夫唯弗居是以不去

使功在己則功不可久也

## 三章

不尚賢使民不爭不貴難得之貨使民不爲盜

不見可欲使民心不亂

賢猶能也尚者嘉之名也貴者隆之稱也唯

能是任尚也曷爲唯用是施貴之何爲尚賢

顯名榮過其任爲而常校能相射貴貨過

用貪者競取以奪棄廉以命者益故可欲

不見則心無所亂也

是以聖人之治虛其心實其腹

心懷智而腹懷食虛者去智而實者無欲也

弱其志強其骨

言無知以幹志生事入亂心害則志論也

常使民無知無欲

守其真也

使夫知者不敢爲也

知者謂智鑑也

用貪者競趣穿窬探篋沒命而盜故可欲

不見則心無所亂也

是以聖人之治虛其心實其腹

心懷智而腹懷食虛有智而實無知也

弱其志強其骨

骨無知以幹志生事以亂心虛則志弱也

常使民無知無欲

守其眞也

使夫知者不敢爲也

知者謂知爲也

爲無爲則無不治

## 四章

道沖而用之或不盈淵兮似萬物之宗挫其銳解其紛和其光同其塵湛兮似或存吾不知誰之子象帝之先

夫執一家之量者不能全家執一國之量者不能成國窮力舉重不能爲用故人雖知萬物治也治而不以二儀之道則不能贍也地雖形魄不法於天則不能全其寧天雖精象不法於道則不能保其精沖而用之用乃不能窮

天地不仁以萬物為芻狗

五章

之不亦似帝之先乎帝天帝也
載天謙其象德不能適其體天地莫能久
真不亦溫兮以文吾乎既守其沖德不能適其
幹而不務和光而不言其體同塵而不入渝其
在乎不亦淵兮似萬物之宗乎銳挫而兼解紛
雖殷不能亡其量無為合此而求主其安
其為無為亦已極矣況繼大不能累其體乎
滿之湛實實來則損故沖而用之又復不盈

滿以造實實來則溢故沖而用之又復不盈其爲無窮亦已極矣形雖大不能累其體事雖殷不能充其量萬物舍此而求主主其安在乎不亦淵兮似萬物之宗乎銳挫而無損紛解而不勞和光而不汙其體同塵而不渝其眞不亦湛兮似或存乎地守其形德不能過其載天慊其象德不能過其覆天地莫能及之不亦似帝之先乎帝天帝也

## 五章

天地不仁以萬物爲芻狗

天地任自然無爲無造萬物自相治理故不仁也仁者必造立施化有恩有爲造立施化則物失其眞有恩有爲列物不具存物不具存則不足以備載矣地不爲獸生芻而獸食芻不爲人生狗而人食狗無爲於萬物而萬物各適其所用則莫不贍矣若慧由己樹未足任也

聖人不仁以百姓爲芻狗

聖人與天地合其德以百姓比芻狗也

天地之間其猶橐籥乎虛而不屈動而愈出

六章

次論發也則不可以共天者也求也

無說盡之理己在於也則莫不[illegible]於要論有意

精不言不理必[illegible]之數也要論之中數中則

命論之則命天之象者[illegible]以[illegible]事[illegible]其言未

亦言數[illegible]不合中中

也

之中說[illegible]曰[illegible]故不可言[illegible]說[illegible]於[illegible]論

無論故[illegible]不[illegible]說[illegible]不可說者也天地

意語意也論無論也意論之中[illegible]而無語

橐排橐也籥樂籥也橐籥之中空洞無情無為故虛而不得窮屈動而不可竭盡也天地之中蕩然任自然故不可得而窮猶若橐籥也

多言數窮不如守中

愈為之則愈失之矣物樹其惡事錯其言不濟不言不理必窮之數也橐籥而守數中則無窮盡棄己任物則莫不理若橐籥有意於為聲也則不足以共吹者之求也

六章

谷神不死，是謂玄牝。玄牝之門，是謂天地根。緜緜若存，用之不勤。

谷神，谷中央無谷也。無形無影，無逆無違，處卑不動，守靜不衰，谷以之成而不見其形，此至物也。處卑而不可得名，故謂天地之根。緜緜若存，用之不勤。門，玄牝之所由也。本其所由，與極同體，故謂之天地之根也。欲言存邪，則不見其形；欲言亡邪，萬物以之生，故緜緜若存也。無物不成，用而不勞也，故曰用而不勤也。

七章

六章

谷神不死是謂玄牝玄牝之門是謂天地根綿綿若
存用之不勤
谷神谷中央無谷也無形無影無逆無違處
卑不動守靜不衰谷以之成而不見其形此至
物也處卑而不可得名故謂天地之根綿綿若
存用之不勤門玄牝之所由也本其所由與極
同體故謂之天地之根也欲言存邪則不見其
形欲言亡邪萬物以之生故綿綿若存也無物
不成用而不勞也故曰用而不勤也

天長地久天地所以能長且久者以其不自生

自生則與物爭不自生則物歸也

故能長生是以聖人後其身而身先外其身而身存非以其無私邪故能成其私

無私者無爲於身也身先身存故曰能成其私也

八章

上善若水水善利萬物而不爭處衆人之所惡

人惡卑也

故幾於道

天長地久天地所以能長且久者以其不自生

自生則與物爭不自生則物歸也

故能長生是以聖人後其身而身先外其身而

身存非以其無私邪故能成其私

無私者無爲於身也身先身存故曰能成其

私也

八章

上善若水水善利萬物而不爭處衆人之所惡

人惡卑也

故幾於道

道無水有故曰幾也

居善地心善淵與善仁言善信正善治事善能

動善時夫唯不爭故無尤

言人皆應於治道也

九章

持而盈之不如其已

持謂不失德也既不失其德又盈之勢必傾

危故不如其已者謂乃更不如無德無功者也

揣而梲之不可長保

既揣末令尖又銳之令利勢必摧衄故不可

揮溢[illegible]已驕盈人之常[illegible]一人之真

揮[illegible]而[illegible]所無驕矣

十章

四時更運功成則移

功遂身退天之道

天可長保也

富貴而驕自遺其咎

不若其已

金玉滿堂莫之能守

長保也

長保也

金玉滿堂莫之能守

不若其已

富貴而驕自遺其咎

不可長保也

功遂身退天之道

四時更運功成則移

十章

載營魄抱一能無離乎

載猶處也營魄人之常居處也一人之眞

也言人能處常居之宅抱一清神能常無離乎則萬物自賓矣

專氣致柔能嬰兒乎

專任也致極也言任自然之氣致至柔之和能若嬰兒之無所欲乎則物全而性得矣

滌除玄覽能無疵乎

玄物之極也言能滌除邪飾至於極覽能不以物介其明疵之其神乎則終與玄同也

愛民治國能無知乎

任術以求成運數以求匿者智也玄覽無疵猶

也言人能處常居之宅抱一清神能常無離
乎則萬物自賓矣
專氣致柔能嬰兒乎
專任也致極也言任自然之氣致至柔之和能
若嬰兒之無所欲乎則物全而性得矣
滌除玄覽能無疵乎
玄物之極也言能滌除邪飾至於極覽能不
以物介其明疵之其神乎則終與玄同也
愛民治國能無知乎
任術以求成運數以求匿者智也玄覽無疵猶

絕聖也治國無以智猶棄智也能無以智乎

則民不辟而國治之也

天門開闔能爲雌乎

天門天下之所從由也開闔治亂之際也或開或闔經通於天下故曰天門開闔也雌應而不倡因而不爲言天門開闔能爲雌乎則物自賓而處自安矣

明白四達能無爲乎

言至明四達無迷無惑能無以爲乎則物化矣所謂道常無爲侯王若能守則萬物自化

絶聖也治國無以智猶云棄智也能無以智乎

則巳不辟而國治之也

天門開闔能爲雌乎

天門天下之所從由也開闔治亂之際也或開或闔經通於天下故曰天門開闔也雌應而不倡因而不爲言天門開闔能爲雌乎則物自賓而處自安矣

明白四達能無爲乎

言至明四達無迷無惑能無以爲乎則物化矣所謂道常無爲侯王若能守則萬物自化

生之

不塞其原也

畜之

不禁其性也

生而不有爲而不恃長而不宰是謂玄德

不塞其原則物自生何功之有不禁其性則物自濟何爲之恃物自長足不吾宰成有德無主非玄如何凡言玄德皆有德而不知其主出乎幽冥

十一章

生之

不塞其原也

畜之

不禁其性也

生而不有爲而不恃長而不宰是謂玄德

不塞其原則物自生何功之有不禁其性則物自濟何爲之恃物自長足不吾宰成有德無主

非玄而何凡言玄德皆有德而不知其主出

乎幽冥

十一章

三十輻共一轂當其無有車之用
轂所以能統三十輻者無也以其無能受物
之故故能以實統衆也
埏埴以爲器當其無有器之用鑿戶牖以爲
室當其無有室之用故有之以爲利無之以爲
用
木埴壁所以成三者而皆以無爲用也言無
者有之所以爲利皆賴無以爲用也

十二章

五色令人目盲五音令人耳聾五味令人口爽

三十輻共一轂當其無有車之用

轂所以能統三十輻者無也以其無能受物之故故能以實統衆也

埏埴以爲器當其無有器之用鑿戶牖以爲室當其無有室之用故有之以爲利無之以爲用

木埴壁所以成三者而皆以無爲用也言無者有之所以爲利皆賴無以爲用也

## 十二章

五色令人目盲五音令人耳聾五味令人口爽馳

馳騁獵令人心發狂

爽差失也失口之用故謂之爽夫耳目口心皆順其性也不以順性命反以傷自然故曰聾盲爽狂也

難得之貨令人行妨

難得之貨塞人正路故令人行妨也

是以聖人爲腹不爲目故去彼取此

爲腹者以物養己爲目者以物役己故聖人不爲目也

十三章

寵辱若驚貴大患若身何謂寵辱若驚寵為
下得之若驚失之若驚是謂寵辱若驚

寵必有辱榮必有患驚辱等榮患同也為
下得寵辱榮患若驚則不足以亂天下也

何謂貴大患若身

大患榮寵之屬也生之厚必入死之地故謂之
大患也人迷之於榮寵返之於身故曰大患
若身也

吾所以有大患者為吾有身

由有其身也

及吾無身
歸之自然也
吾有何患故貴以身爲天下若可寄天下
無以易其身故曰貴也如此乃可以託天下也
愛以身爲天下若可託天下
無物可以損其身故曰愛也如此乃可以寄天
下也不以寵辱榮患損易其身然後乃可
以天下付之也

十四章

視之不見名曰夷聽之不聞名曰希摶之不得

不可思議故方
是諸菩薩
若說如佛菩薩於天無量於數方
若言無量所無由以發若言有界者不見其
是諸無大以於無量以發
其上不發其下不來無量不可名無量於無者
發言說名為一切
所住不作名如是以發有目無不可說名故不可
無大無量無量無量故無無所不通無所
名曰無量三名不可是說故說名為一

名曰微此三者不可致詰故混而爲一

無狀無象無聲無響故能無所不通無所不往不得而知更以我耳目體不知爲名故不可致詰混而爲一也

其上不皦其下不昧繩繩不可名復歸於無物

是謂無狀之狀無物之象

欲言無邪而物由以成欲言有邪而不見其形故曰無狀之狀無物之象也

是謂惚恍

不可得而定也

迎之不見其首隨之不見其後執古之道以御
今之有
有有其事
能知古始是謂道紀
無形無名者萬物之宗也雖今古不同時移俗
易故莫不由乎此以成其治者也故可執古
之道以御今之有上古雖遠其道存焉故雖
在今可以知古始也
十五章
古之善爲士者微妙玄通深不可識夫唯不可識

迎之不見其首隨之不見其後執古之道以御今之有

有有其事

能知古始是謂道紀

無形無名者萬物之宗也雖今古不同時移俗易故莫不由乎此以成其治者也故可執古之道以御今之有上古雖遠其道存焉故雖在今可以知古始也

十五章

古之善為士者微妙玄通深不可識夫唯不可識

故強爲之容豫兮若冬涉川

冬之涉川豫然若欲度若不欲度其情不可得見之貌也

猶兮若畏四鄰

四鄰合攻中央之主猶然不知所趣向者也上德之人其端兆不可覩德趣不可見亦猶此也

儼兮其若客渙兮若冰之將釋敦兮其若樸曠兮其若谷混兮其若濁

凡此諸若皆言其容象不可得而形名也

孰能濁以靜之徐清孰能安以久動之徐生

夫晦以理物則得明濁以靜物則得清安以動物則得生此自然之道也孰能者言其難也徐者詳慎也

保此道者不欲盈

盈必溢也

夫唯不盈故能蔽不新成

蔽覆蓋也

十六章

致虛極守靜篤

致虛極守靜篤

十六章

蔽猶舊也

夫唯不盈故能蔽不新成

盈必溢也

保此道者不欲盈

也徐者舒滿也

動徐則得其生自然之道也變能者言其難

夫濁以理靜則得明通之靜徐則得清安以

靜能通之靜之徐清靜能安之久動之徐生

言致虛之極篤守靜之人真正也

萬物並作

動作生長

吾以觀復

以虛靜觀其反復凡有起於虛動起於靜

故萬物雖並動作卒復歸於虛靜是物之

極篤也

夫物芸芸各復歸其根

各反其所始也

歸根曰靜是謂復命復命曰常

言致虛物之極篤守靜物之眞正也

萬物竝作

動作生長

吾以觀復

以虛靜觀其反復凡有起於虛動起於靜故萬物雖竝動作卒復歸於虛靜是物之極篤也

夫物芸芸各復歸其根

各反其所始也

歸根曰靜是謂復命復命曰常

歸根則靜故曰靜靜則復命故曰復命也復命則得性命之常故曰常也

知常曰明不知常妄作凶

常之爲物不偏不彰無皦昧之狀温涼之象故曰知常曰明也唯此復乃能包通萬物無所不容失此以往則邪入乎分則物離其分故曰不知常則妄作凶也

知常容

無所不包通也

容乃公

歸根則靜故曰靜靜則復命故曰復命也復
命則得性命之常故曰常也

知常曰明不知常妄作凶

常之為物不偏不彰無皦昧之狀溫涼之象
故曰知常曰明也唯此復乃能包通萬物無
所不容失此以往則邪入乎分則物離其分
故曰不知常則妄作凶也

知常容

無所不包通也

容乃公

無所不包通則乃至於蕩然公平也

公乃王

蕩然公平則乃至於無所不周普也

王乃天

無所不周普則乃至於同乎天也

天乃道

與天合德體道大通則乃至於極虛無也

道乃久

窮極虛無得道之常則乃至於不有極也

沒身不殆

無之爲物水火不能害金石不能殘用之於心則虎兕無所投其齒角兵戈無所容其鋒刃何危殆之有乎

十七章

大上下知有之

大上謂大人也大人在上故曰大上大人在上居無爲之事行不言之教萬物作焉而不爲始故下知有之而已言從上也

其次親而譽之

不能以無爲居事不言爲教立善行施使

不能以無為居事不言為教五善行適俾

其次親而譽之

故下知有之而已言從上也

無為之事行不言之教聽意各適己不為始

大上謂大人也大人在上故曰大上大人在上居

大上下知有之

十七章

鋒刃何所施之有乎

心則兕虎無所投其齒角兵戈無所錯其

無之為善水火不能害金石不能殘用之於

下得親而譽之也

其次畏之

不能復以恩仁令物而賴威權也

其次侮之

不能法以正齊民而以智治國下知避之其令不從故曰侮之也

信不足焉有不信焉

夫御體失性則疾病生輔物失真則疵釁作信不足焉則有不信此自然之道也已處不足非智之所齊也

下得親而譽之也

其次畏之

不能復以恩仁令物而賴威權也

其次侮之

不能法以正齊民而以智治國下知避之其令不從故曰侮之也

信不足焉有不信焉

夫御體失性則疾病生輔物失眞則疵釁作信不足焉則有不信此自然之道也已處不足非智之所齊也

悠兮其貴言功成事遂百姓皆謂我自然

自然其端兆不可得而見也其意趣不可得而覩也無物可以易其言言必有應故曰悠兮其貴言也居無爲之事行不言之教不以形立物故功成事遂而百姓不知其所以然也

十八章

大道廢有仁義

失無爲之事更以施慧立善道進物也

智慧出有大僞

行術用明以察姦僞趣覩形見物知避之故智

行術用明以察姦偽趣覩於見者知道之故智

慧出有大偽

夫無為之事更以術精於善道者也

大道廢有仁義

十八章

立為故功成事遂而百姓不知其所以然也

其貴言也而無為之事行不言之教不以形於

觀也無為可以明其言言必有應故曰悠兮

自然其端兆不可得而見也其意趣不可得而

覩也其貴言功成事遂百姓皆謂我自然

慧出則大偽生也
六親不和有孝慈國家昏亂有忠臣
甚美之名生於大惡所謂美惡同門六親父
子兄弟夫婦也若六親自和國家自治則孝
慈忠臣不知其所在矣魚相忘於江湖之道
則相濡之德生也

十九章

絕聖棄智民利百倍絕仁棄義民復孝慈
絕巧棄利盜賊無有此三者以為文不足故令
有所屬見素抱樸少私寡欲

慧出則大僞生也

六親不和有孝慈國家昏亂有忠臣

甚美之名生於大惡所謂美惡同門六親父子兄弟夫婦也若六親自和國家自治則孝慈忠臣不知其所在矣魚相忘於江湖之道則相濡之德生也

十九章

絶聖棄智民利百倍絶仁棄義民復孝慈絶巧棄利盜賊無有此三者以爲文不足故令有所屬見素抱樸少私寡欲

聖智才之善也仁義人之善也巧利用之善也而直云絕文甚不足不令之有所屬無以見其指故曰此三者以爲文而未足故令人有所屬屬之於素樸寡欲

## 二十章

絕學無憂唯之與阿相去幾何善之與惡相去若何人之所畏不可不畏

下篇爲學者日益爲道者日損然則學求益所能而進其智者也若將無欲而足何求於益不知而中何求於進夫燕雀有匹鳩鴿

[illegible]

[illegible]

見其指故曰此三者以為文而未足故令人有

所屬屬之於素樸寡欲

二十章

絕學無憂唯之與阿相去幾何善之與惡相去

若何人之所畏不可不畏

下雖盜賢者曰盜盜道者曰猶然則賢求

盜所能作講其名者自若無欲名何求

於盜不知名中而求於道夫無會有因焉命

有仇寒鄉之巨必知旃裘自然已足益之則憂故續鳧之足何異截鶴之頸畏譽而進何異畏刑唯阿美惡相去若何故人之所畏吾亦畏焉未敢恃之以爲用也

荒兮其未央哉

歎與俗相返之遠也

衆人熙熙如享太牢如春登臺

衆人迷於美進惑於榮利欲進心競故熙熙如享太牢如春登臺也

我獨泊兮其未兆如嬰兒之未孩

言我廓然無形之可名無兆之可舉如嬰兒之未能孩也

儽儽兮若無所歸

若無所宅

衆人皆有餘而我獨若遺

衆人無不有懷有志盈溢胸心故曰皆有餘也我獨廓然無爲無欲若遺失之也

我愚人之心也哉

絶愚之人心無所别析意無所美惡猶然其情不可覩我頽然若此也

言我廓然無形之可名無兆之可舉如嬰兒

之未能孩也

儽儽兮若無所歸

若無所宅

眾人皆有餘而我獨若遺

眾人無不有懷有志盈溢胸心故曰皆有餘

也我獨廓然無為無欲若遺失之也

我愚人之心也哉

絕愚之人心無所別析意無所美惡猶然其

情不可覩我頹然若此也

沌沌兮

無所別析不可爲名

俗人昭昭

耀其光也

我獨若昏俗人察察

分別別析也

我獨悶悶澹兮其若海

情不可覩

飂兮若無止

無所繫縶

衆人皆有以

以用也皆欲有所施用也

而我獨頑似鄙

無所欲爲悶悶昏昏若無所識故曰頑且鄙也

我獨異於人而貴食母

食母生之本也人者皆棄生民之本貴末飾之華故曰我獨欲異於人

二十一章

孔德之容惟道是從

衆人皆有以

以用也皆欲有所施用也

而我獨頑似鄙

無所欲為悶悶昏昏若無所識故曰頑且鄙

也

我獨異於人而貴食母

食母生之本也人者皆棄生民之本貴末

飾之華故曰我獨欲異於人

二十一章

孔德之容惟道是從

孔空也惟以空爲德然後乃能動作從道

道之爲物惟恍惟惚

恍惚無形不繫之歎

惚兮恍兮其中有象恍兮惚兮其中有物

以無形始物不繫成物萬物以始以成而不知其所以然故曰恍兮惚兮惚兮恍兮其中有象也

窈兮冥兮其中有精

窈冥深遠之歎深遠不可得而見然而萬物由之其可得見以定其眞故曰窈兮冥兮其

中有精也

其精甚眞其中有信

信信驗也物反窈冥則眞精之極得萬物之性定故曰其精甚眞其中有信也

自古及今其名不去

至眞之極不可得名無名則是其名也自古及今無不由此而成故曰自古及今其名不去也

以閱衆甫

衆甫物之始也以無名說萬物始也

中有精也

其精甚真其中有信

信信驗也物反窈冥則真精之極得萬物之性定故曰其精甚真其中有信也

自古及今其名不去

至真之極不可得名無名則是其名也自古及今無不由此而成故曰自古及今其名不去也

以閱衆甫

衆甫物之始也以無名說萬物始也

不自伐則其功有也

窪則盈

不自是則其是彰也

枉則直

不自見其明則全也

曲則全

二十二章

[illegible]

[illegible]

[illegible]

吾何以知衆甫之狀哉以此

此上之所云也言吾何以知萬物之始於無哉

以此知之也

二十二章

曲則全

不自見其明則全也

枉則直

不自是則其是彰也

窪則盈

不自伐則其功有也

敝則新

不自矜則其德長也

少則得多則惑

自然之道亦猶樹也轉多轉遠其根轉少轉得其本多則遠其真故曰惑也少則得其本故曰得也

是以聖人抱一爲天下式

一少之極也式猶則之也

不自見故明不自是故彰不自伐故有功不自矜故長夫唯不爭故天下莫能與之爭古之所

敝則新
不自矜則其德長也
少則得多則惑
自然之道亦猶樹也轉多轉遠其根轉少轉
得其本多則遠其真故曰惑也少則得其
本故曰得也
是以聖人抱一為天下式
一少之極也式猶則之也
不自見故明不自是故彰不自伐故有功不自
矜故長夫唯不爭故天下莫能與之爭古之所

謂曲則全者豈虛言哉誠全而歸之

## 二十三章

希言自然

聽之不聞名曰希下章言道之出言淡兮其無味也視之不足見聽之不足聞則無味不足聽之言乃是自然之至言也

故飄風不終朝驟雨不終日孰爲此者天地天地尚不能久而況於人乎

言暴疾美興不長也

故從事於道者道者同於道

謂曲則全者豈虛言哉誠全而歸之

二十三章

希言自然

聽之不聞名曰希下章言道之出言淡兮其無味也視之不足見聽之不足聞然則無味不足聽之言乃是自然之至言也

故飄風不終朝驟雨不終日孰爲此者天地天地尚不能久而況於人乎

言暴疾美興不長也

故從事於道者道者同於道

從事謂舉動從事於道者也道以無形無爲成濟萬物故從事於道者以無爲爲君不言爲教緜緜若存而物得其眞與道同體故曰同於道

德者同於德

得少也少則得故曰得也行得則與得同體故曰同於得也

失者同於失

失累多也累多則失故曰失也行失則與失同體故曰同於失也

從事體舉道從事於道者也道又樂於樂
德反道者故從事於道者又樂得之
不言德者德者得其與道同體
故曰同於道
德者同於德
得之於德得則得故曰得也行得則與得同體
故曰同於得也
失者同於失
失異於得異於道則失故曰失也行失則與失
同體故曰同於失也

同於道者道亦樂得之同於德者德亦樂得
之同於失者失亦樂得之
信隨行其所故同於[illegible]之
信不足焉有不信焉
忠信不足於下焉有不信也

二十四章

企者不立
跨者恐進則失行故曰企者不立
跨者不行自見者不明自是者不彰自伐者無
功自矜者不長其在道也曰餘食贅行

同於道者道亦樂得之同於德者德亦樂得
之同於失者失亦樂得之
言隨行其所故同而應之
信不足焉有不信焉
忠信不足於下焉有不信也
二十四章
企者不立
物尚進則失安故曰企者不立
跨者不行自見者不明自是者不彰自伐者無
功自矜者不長其在道也曰餘食贅行

其唯於道而論之若郤至之行盛饌之餘也

本雖美更可薉也本雖有功而自伐之故

更爲肬贅者也

物或惡之故有道者不處

二十五章

有物混成先天地生

混然不可得而知而萬物由之以成故曰混

成也不知其誰之子故先天地生

寂兮寥兮獨立不改

寂寥無形體也無物之匹故曰獨立也返化

其唯於道而論之若郤至之行盛饌之餘也
本雖美更可穢也本雖有功而自伐之故
更爲疣贅者也

物或惡之故有道者不處

二十五章

有物混成先天地生

混然不可得而知而萬物由之以成故曰混
成也不知其誰之子故先天地生

寂兮寥兮獨立不改

寂寥無形體也無物之匹故曰獨立也返化

由也是混成之中可言之稱最大也

夫名以定形字以稱可言道取於無物而不

字之曰道

其名也

名以定形混成無形不可得而定故曰不知

吾不知其名

為天下母也

周行無所不至而免殆能生全大形也故可以

周行而不殆可以為天下母

終不失其常故曰不改也

終始不失其常故曰不改也

周行而不殆可以爲天下母

周行無所不至而免殆能生全大形也故可以爲天下母也

吾不知其名

名以定形混成無形不可得而定故曰不知其名也

字之曰道

夫名以定形字以稱可言道取於無物而不由也是混成之中可言之稱最大也

強爲之名曰大

吾所以字之曰道者取其可言之稱㝡大也責其字定之所由則繫於大大有繫則必有分有分則失其極矣故曰強爲之名曰大

大曰逝

逝行也不守一大體而已周行無所不至故曰逝也

逝曰遠遠曰反

遠極也周無所不窮極不偏於一逝故曰遠也不隨於所適其體獨立故曰反也

強爲之名曰大

吾所以字之曰道者，取其可言之稱最大也。責其字定之所由，則繫於大。大有繫則必有分，有分則失其極矣。故曰強爲之名曰大。

大曰逝

逝，行也。不守一大體而已，周行無所不至，故曰逝也。

逝曰遠，遠曰反

遠，極也。周無所窮極，不偏於一逝，故曰遠也。不隨於所適，其體獨立，故曰反也。

故道大天大地大王亦大

天地之性人爲貴而王是人之主也雖不職大

亦復爲大與三匹故曰王亦大也

域中有四大

四大道天地王也凡物有稱有名則非其極也言道則有所由有所由然後謂之爲道然則是道稱中之大也不若無稱之大也無稱不可得名曰域也道天地王皆在乎無稱之內故曰域中有四大者也

而王居其一焉

故道大天大地大王亦大

天地之性人爲貴而王是人之主也雖不職大亦復爲大與三匹故曰王亦大也

域中有四大

四大道天地王也凡物有稱有名則非其極也言道則有所由有所由然後謂之爲道然則是道稱中之大也不若無稱之大也無稱不可得而名曰域也道天地王皆在乎無稱之內故曰域中有四大者也

而王居其一焉

處人主之大也

人法地地法天天法道道法自然

法謂法則也人不違地乃得全安法地也地不違天乃得全載法天也天不違道乃得全覆法道也道不違自然乃得其性法自然者在方而法方在圓而法圓於自然無所違自然者無稱之言窮極之辭也用智不及無知而形魄不及精象精象不及無形有儀不及無儀故轉相法也道順自然天故資焉天法於道地故則焉地法於天人故象焉所以爲主

處人主之大也

人法地，地法天，天法道，道法自然。

法謂法則也。人不違地，乃得全安，法地也。地不違天，乃得全載，法天也。天不違道，乃得全覆，法道也。道不違自然，乃得其性。法自然者，在方而法方，在圓而法圓，於自然無所違也。自然者，無稱之言，窮極之辭也。用智不及無知，而形魄不及精象，精象不及無形，有儀不及無儀，故轉相法也。道順自然，天故資焉；天法於道，地故則焉；地法於天，人故象焉。所以為主

其一之者主也

二十六章

重為輕根靜為躁君

凡物輕不能載重小不能鎮大不行者使行不動者制動是以重必為輕根靜必為躁君也

是以聖人終日行不離輜重

以重為本故不離

雖有榮觀燕處超然

不以經心也

其一之者主也

二十六章

重爲輕根靜爲躁君

凡物輕不能載重小不能鎮大不行者使行不動者制動是以重必爲輕根靜必爲躁君也

是以聖人終日行不離輜重

以重爲本故不離

雖有榮觀燕處超然

不以經心也

奈何萬乘之主而以身輕天下輕則失本躁則失君

輕不鎮重也失本爲喪身也失君爲失君位也

二十七章

善行無轍迹

順自然而行不造不始故物得至而無轍迹也

善言無瑕讁

順物之性不别不析故無瑕讁可得其門也

善數不用籌策

奈何萬乘之主而以身輕天下輕則失本躁則失

君

輕不鎮重也失本為喪身也失君為失君

位也

二十七章

善行無轍迹

順自然而行不造不始故物得至而無轍迹也

善言無瑕謫

順物之性不別不析故無瑕謫可得其門也

善數不用籌策

因物之數不假形也
善閉無關楗而不可開善結無繩約而不可解
因物自然不設不施故不用關楗繩約而不可
開解也此五者皆言不造不施因物之性不
以形制物也
是以聖人常善救人故無棄人
聖人不立形名以檢於物不造進向以殊棄
不肖輔萬物之自然而不爲始故曰無棄人
也不尚賢能則民不爭不貴難得之貨則
民不爲盜不見可欲則民心不亂常使民心

因物之數不假形也

善閉無關楗而不可開善結無繩約而不可解

因物自然不設不施故不用關楗繩約而不可開解也此五者皆言不造不施因物之性不以形制物也

是以聖人常善救人故無棄人

聖人不立形名以檢於物不造進向以殊棄不肖輔萬物之自然而不爲始故曰無棄人也不尚賢能則民不爭不貴難得之貨則民不爲盜不見可欲則民心不亂常使民心

無欲無惑則無棄人矣

常善救物故無棄物是謂襲明故善人者不善人之師

舉善以師不善故謂之師矣

不善人者善人之資

資取也善人以善齊不善以善棄不善故不善人善人之所取也

不貴其師不愛其資雖智大迷

雖有其智自任其智不因物於其道必失故曰雖智大迷

無欲無惑則無棄人矣
常善救物故無棄物是謂襲明故善人者不
善人之師
舉善以師不善故謂之師矣
不善人者善人之資
資取也善人以善齊不善以善棄不善故不
善人善人之所取也
不貴其師不愛其資雖智大迷
雖有其智自任其智不因物於其道必失故
曰雖智大迷

是謂要妙

二十八章

知其雄守其雌為天下谿為天下谿常德不離

復歸於嬰兒

雄先之屬雌後之屬也知為天下之先也必

後也是以聖人後其身而身先也谿不求物

而物自歸之嬰兒不用智而合自然之智

知其白守其黑為天下式

式模則也

為天下式常德不忒

是謂要妙

二十八章

知其雄守其雌爲天下谿爲天下谿常德不離復歸於嬰兒

雄先之屬雌後之屬也知爲天下之先也必後也是以聖人後其身而身先也谿不求物而物自歸之嬰兒不用智而合自然之智

知其白守其黑爲天下式

式模則也

爲天下式常德不忒

忒差也

復歸於無極

不可窮也

知其榮守其辱爲天下谷常德乃足復歸於樸

此三者言常反終後乃德全其所處也下章云反者道之動也功不可取常處其母也

樸散則爲器聖人用之則爲官長

樸眞也眞散則百行出殊類生若器也聖人因其分散故爲之立官長以善爲師不善

入因其分散故為之立官長以善為師不善

樸眞也眞散則百行出殊類生若器也聖

樸散則為器聖人用之則為官長

云反者道之動也功不可取常反其母也

此三者言常反終後乃德全其所處也下章

樸

知其榮守其辱為天下谷常德乃足復歸於

不可窮也

復歸於樸

故美也

為資移風易俗復使歸於一也

故大制不割

大制者以天下之心為心故無割也

二十九章

將欲取天下而為之吾見其不得已天下神器

神無形無方也器合成也無形以合故謂之神

器也

不可為也為者敗之執者失之

萬物以自然為性故可因而不可為也可通

而不可執也物有常性而造為之故必敗也

爲資移風易俗復使歸於一也

故大制不割

大制者以天下之心爲心故無割也

二十九章

將欲取天下而爲之吾見其不得已天下神器

神無形無方也器合成也無形以合故謂之神器也

不可爲也爲者敗之執者失之

萬物以自然爲性故可因而不可爲也可通而不可執也物有常性而造爲之故必敗也

物有往來而執之故必失矣

故物或行或隨或歔或吹或強或羸或挫或

隳是以聖人去甚去奢去泰

凡此諸或言物事逆順反覆不施爲執割也

聖人達自然之至暢萬物之情故因而不爲

順而不施除其所以迷去其所以惑故心不亂

而物性自得之也

三十章

以道佐人主者不以兵強天下

以道佐人主尚不可以兵強於天下況人主躬

物有往來而執之故必失矣

故物或行或隨或歔或吹或强或羸或挫或

隳是以聖人去甚去奢去泰

凡此諸或言物事逆順反覆不施爲執割也

聖人達自然之性暢萬物之情故因而不爲

順而不施除其所以迷去其所以惑故心不亂

而物性自得之也

三十章

以道佐人主者不以兵强天下

以道佐人主尚不可以兵强於天下况人主躬

於道者乎

其事好還

爲始者務欲立功生事而有道者務欲還反無爲故云其事好還也

師之所處荆棘生焉大軍之後必有凶年

言師凶害之物也無有所濟必有所傷賊害人民殘荒田畆故曰荆棘生焉

善者果而已不敢以取強

果猶濟也言善用師者趣以濟難而已矣不以兵力取強於天下也

果而勿矜果而勿伐果而勿驕

吾不以師道爲尚不得已而用何矜驕之有也

果而不得已果而勿強

言用兵雖趣功果濟難然時故不得已當復用者但當以除暴亂不遂用果以爲強也

物壯則老是謂不道不道早已

壯武力暴興喻以兵強於天下者也飄風不終朝驟雨不終日故暴興必不道早已也

三十一章

夫隹兵者不祥之器物或惡之故有道者不處

夫佳兵者不祥之器物或惡之故有道者不處

三十一章

終朝驟雨不終日故暴興必不道早已也

壯夫力暴興俞以兵強於天下者也飄風不

物壯則老是謂不道不道早已

用者但當以除暴亂不遂用果以為強也

言用兵雖強功果者雖眾得故不得已當道

果而不得已果而勿強

吾不以師道紛紛不得已而用何矜驕之有也

果而勿矜果而勿伐果而勿驕

君子居則貴左用兵則貴右兵者不祥之器非君子之器不得已而用之恬淡為上勝而不美而美之者是樂殺人夫樂殺人者則不可以得志於天下矣吉事尚左凶事尚右偏將軍居左上將軍居右言以喪禮處之殺人之衆以哀悲泣之戰勝以喪禮處之

三十二章

道常無名樸雖小天下莫能臣侯王若能守之萬物將自賓

道無形不繫常不可名以無名名常故曰道

君子居則貴左用兵則貴右兵者不祥之器非君子之器不得已而用之恬淡爲上勝而不美而美之者是樂殺人夫樂殺人者則不可以得志於天下矣吉事尚左凶事尚右偏將軍居左上將軍居右言以喪禮處之殺人之衆以哀悲泣之戰勝以喪禮處之

三十二章

道常無名樸雖小天下莫能臣也侯王若能守之萬物將自賓

道無形不繫常不可名以無名爲常故曰道

常無名也樸之爲物以無爲心也亦無名故將得道莫若守樸夫智者可以能臣也勇者可以武使也巧者可以事役也力者可以重任也樸之爲物憒然不偏近於無有故曰莫能臣也抱樸無爲不以物累其眞不以欲害其神則物自賔而道自得也

天地相合以降甘露民莫之令而自均

言天地相合則甘露不求而自降我守其眞性無爲則民不令而自均也

始制有名名亦既有夫亦將知止知止所以不

吾自命設口酒三分以與江海也
自歸始由行道然天下皆以令吾自為不求
三分以之求江與海非江海可以不可不求吾
譬道以在天下猶三分以於江海
不治也
正也淺道始之靜卷曰求治以中故始正所以
以往尊事寵之以本設口始亦聞道夫亦尊始
可不在始之以何尊中故始無道始也道正
不取何無始也得以取何德始藏藏謂無治
始

殆

始制謂樸散始爲官長之時也始制官長不可不立名分以定尊卑故始制有名也過此以往將爭錐刀之末故曰名亦既有夫亦將知止也遂任名以號物則失治之母故知止所以不殆也

譬道之在天下猶川谷之於江海

川谷之以求江與海非江海召之不召不求而自歸者世行道於天下者不令而自均不求而自得故曰猶川谷之與江海也

三十三章

知人者智自知者明

知人者智而已矣未若自知者超智之上也

勝人者有力自勝者強

勝人者有力而已矣未若自勝者無物以損其力用其智於人未若用其智於己也用其力於人未若用其力於己也明用於己則物無避焉力用於己則物無改焉

知足者富

知足自不失故富也

三十三章

知人者智自知者明

知人者智而已矣未若自知者超智之上也

勝人者有力自勝者強

勝人者有力而已矣未若自勝者無物以損
其力用其智於人未若用其智於己也用其
力於人未若用其力於己也明用於己則物無
避焉力用於己則物無改焉

知足者富

知足自不失故富也

強行者有志

勤能行之其志必獲故曰強行者有志矣

不失其所者久

以明自察量力而行不失其所必獲久壽矣

死而不亡者壽

雖死而以為生之道不亡乃得全其壽身沒

而道猶存況身存而道不卒乎

三十四章

大道汜兮其可左右

言道汜汜無所不適可左右上下周旋而用

強行者有志

勤能行之其志必獲故曰強行者有志矣

不失其所者久

以明自察量力而行不失其所必獲久長矣

死而不亡者壽

雖死而以爲生之道不亡乃得全其壽身没而道猶存况身存而道不卒乎

三十四章

大道氾兮其可左右

言道氾濫無所不適可左右上下周旋而用

則無所不至也

萬物恃之而生而不辭功成不名有衣養萬物而不爲主常無欲可名於小

萬物皆由道而生既生而不知所由故天下常無欲之時萬物各得其所若道無施於物故名於小矣

萬物歸焉而不爲主可名爲大

萬物皆歸之以生而力使不知其所由此不爲小故復可名於大矣

以其終不自爲大故能成其大

三則無所不至也
萬物恃之以生而不辭功成不名有衣養萬物
而不為主常無欲可名於小
萬物皆由道而生既生而不知其所由故天下
常無欲之時萬物各得其所若道無施於物
者故名於小矣
萬物歸焉而不為主可名為大
萬物皆歸之以生而力使不知其所由此不
為小故復可名於大矣
以其終不自為大故能成其大

爲大於其細圖難於其易

三十五章

執大象天下往 注

大象天象之母也不寒不溫不涼故能包統萬物無所犯傷主若執之則天下往也

往而不害安平太

無形無識不偏不彰故萬物得往而不害妨也

樂與餌過客止道之出口淡乎其無味視之不足見聽之不足聞用之不可既

爲大於其細圖難於其易

三十五章

執大象天下往

大象天象之母也不寒不温不涼故能包統萬物無所犯傷主若執之則天下往也

往而不害安平太

無形無識不偏不彰故萬物得往而不害妨也

樂與餌過客止道之出口淡乎其無味視之不足見聽之不足聞用之不可既

言道之深大人聞道之言乃更不如樂與餌應時感悅人心也樂與餌則能令過客止而道之出言淡然無味視之不足見則不足以悅其目聽之不足聞則不足以娱其耳若無所中然乃用之不可窮極也

三十六章

將欲歙之必固張之將欲弱之必固强之將欲廢之必固興之將欲奪之必固與之是謂微明

將欲除强梁去暴亂當以此四者因物之性令其自戮不假刑爲大以除將物也故曰微明

言道之深大人聞道之言乃更不若樂與餌
應時感悅人心也樂與餌則能令過客止若
道之出言淡然無味視之不足見則不足以悅
其目聽之不足聞則不足以娛其耳若無所中
然乃用之不可窮極也

三十六章

將欲歙之必固張之將欲弱之必固強之將欲
廢之必固興之將欲奪之必固與之是謂微明
將欲除強梁去暴亂當以此四者因物之性
令其自戮不假刑為大以除害者也故曰微明

也足其張令之足而又求其張則衆所歙也與其張之不足而改其求張者愈益而已反危

柔弱勝剛強魚不可脱於淵國之利器不可以示人

利器利國之器也唯因物之性不假刑以理物器不可覩而物各得其所則國之利器也示人者任刑也刑以利國則失矣魚脱於淵則必見失矣利國器而立刑以示人亦必失也

三十七章

道常無爲

順自然也

而無不爲

萬物無不由爲以治以成也

侯王若能守之萬物將自化化而欲作吾將鎮之以無名之樸

化而欲作作欲成也吾將鎮之無名之樸不爲主也

無名之樸夫亦將無欲

無欲競也

不欲以靜天下將自定

老子道德經上篇終

不欲以靜天下將自定

老子道德經上篇終

# 老子道德經下篇

晉 王弼 注

## 三十八章

上德不德是以有德下德不失德是以無德上德無爲而無以爲下德爲之而有以爲上仁爲之而無以爲上義爲之而有以爲上禮爲之而莫之應則攘臂而扔之故失道而後德失德而後仁失仁而後義失義而後禮夫禮者忠信之薄而亂之首前識者道之華而愚之始是以大丈夫處其厚不居其薄處其實不居其華

# 老子道德經下篇

魯 王弼 注

## 三十八章

上德不德是以有德下德不失德是以無德上德無為而無以為下德為之而有以為上仁為之而無以為上義為之而有以為上禮為之而莫之應則攘臂而扔之故失道而後德失德而後仁失仁而後義失義而後禮夫禮者忠信之薄而亂之首前識者道之華而愚之始是以大丈夫處其厚不居其薄處其實不居其華

故去彼取此
德者得也常得而無喪利而無害故以德為
名焉何以得德由乎道也何以盡德以無為
用以無為用則莫不載也故物無焉則無
物不經有焉則不足以免其生是以天地雖
廣以無為心聖王雖大以虛為主故曰以復
而視則天地之心見至日而思之則先王之至覩
也故滅其私而無其身則四海莫不瞻遠近
莫不至殊其己而有其心則一體不能自全
肌骨不能相容是以上德之人唯道是用不德

故去彼取此

德者得也常得而無喪利而無害故以德爲名焉何以得德由乎道也何以盡德以無爲用以無爲用則莫不載也故物無焉則無物不經有焉則不足以免其生是以天地雖廣以無爲心聖王雖大以虚爲主故曰以復而視則天地之心見至日而思之則先王之至覩也故滅其私而無其身則四海莫不瞻遠近莫不至殊其己而有其心則一體不能自全肌骨不能相容是以上德之人唯道是用不德

其德無執無用故能有德而無不爲不求而得不爲而成故雖有德而無德名也下德求而得之爲而成之則立善以治物故德名有焉求而得之必有失焉爲而成之必有敗焉善名生則有不善應焉故下德爲之而有以爲也無以爲者無所偏爲也凡不能無爲而爲之者皆下德也仁義禮節是也將明德之上下輒舉下德以對上德至於無以爲極下德下之量上仁是也足及於無以爲而猶爲之焉爲之而無以爲故有爲爲之患矣本在

無爲母在無名棄本捨母而適其子功雖大焉必有不濟名雖美焉僞亦必生不能不爲而成不興而治則乃爲之故有宏普博施仁愛之者而愛之無所偏私故上仁爲之而無以爲也愛不能兼則有抑抗正眞而義理之者忿枉祐直助彼攻此物事而有以心爲矣故上義爲之而有以爲也直不能篤則有游飾修文禮敬之者尚好修敬校責往來則不對之間忿怒生焉故上禮爲之而莫之應則攘臂而扔之夫大之極也其唯道乎自此已往

豈足尊哉故雖德盛業大富而有萬物猶各得其德雖貴以無爲用不能捨無以爲體也不能捨無以爲體則失其爲大矣所謂失道而後德也以無爲用德其母故能己不勞焉而物無不理下此已往則失用之母不能無爲而貴博施不能博施而貴正直不能正直而貴飾敬所謂失德而後仁失仁而後義失義而後禮也夫禮也所始首於忠信不篤通簡不陽責備於表機微爭制夫仁義發於内爲之猶僞況務外飾而可久乎故夫禮者

豈足尊哉故雖德盛業大富而有萬物猶各得其德雖貴以無爲用不能捨無以爲體也不能捨無以爲體則失其爲大矣所謂失道而後德也以無爲用德其母故能已不勞焉而物無不理下此已往則失用之母不能無爲而貴博施不能博施而貴正直不能正直而貴飾敬所謂失德而後仁失仁而後義失義而後禮也夫禮也所始首於忠信不篤通簡不陽責備於表機微爭制夫仁義發於內爲之猶僞況務外飾而可久乎故夫禮者

忠信之薄而亂之首也前識者前人而識也
即下德之倫也竭其聰明以爲前識役其智
力以營庶事雖得其情姦巧彌密雖豐其
譽愈喪篤實勞而事昏務而治薉雖竭
聖智而民愈害舍己任物則無爲而泰守夫
素樸則不順典制聽彼所獲棄此所守識
道之華而愚之首故苟得其爲功之母則萬
物作焉而不辭也萬事存焉而不勞也用不
以形御不以名故仁義可顯禮敬可彰也夫
載之以大道鎮之以無名則物無所尚志無

忠信之薄而亂之首也前識者前人而識也
即下德之倫也竭其聰明以爲前識役其智
力以營庶事雖德其情姦巧彌密雖豊其
譽愈喪篤實勞而事昏務而治薉雖竭
聖智而民愈害舍己任物則無爲而泰守夫
素樸則不順典制聽彼所獲棄此所守識
道之華而愚之首故茍得其爲功之母則萬
物作焉而不辭也萬事存焉而不勞也用不
以形御不以名故仁義可顯禮敬可彰也夫
載之以大道鎮之以無名則物無所尚志無

所營各任其貞事用其誠則仁德厚焉行義正焉禮敬清焉棄其所載舍其所生用其成形役其聰明仁則誠焉義其競焉禮其爭焉故仁德之厚非用仁之所能也行義之正非用義之所成也禮敬之清非用禮之所濟也載之以道統之以母故顯之而無所尚彰之而無所競用夫無名故名以篤焉用夫無形故形以成焉守母以存其子崇本以舉其末則形名俱有而邪不生大美配天而華不作故母不可遠本不可失仁義母之所生非可

所營各任其貞事用其誠則仁德厚焉行義正焉禮敬清焉棄其所載舍其所生用其成形役其聰明仁則誠焉義其競焉禮其爭焉故仁德之厚非用仁之所能也行義之正非用義之所成也禮敬之清非用禮之所濟也載之以道統之以母故顯之而無所尚彰之而無所競用夫無名故名以篤焉用夫無形故形以成焉守母以存其子崇本以舉其末則形名俱有而邪不生大美配天而華不作故母不可遠本不可失仁義母之所生非可

以為母形器匠之所成非可以為匠也捨其母而用其子棄其本而適其末名則有所分形則有所止雖極其大必有不周雖盛其美必有患憂功在為之豈足處也

三十九章

昔之得一者

昔始也一數之始而物之極也各是一物之生所以為主也物皆各得此一以成既成而舍以居成居成則失其母故皆裂發歇竭滅蹶也

天得一以清地得一以寧神得一以靈谷得一以

以爲母形器匠之所成非可以爲匠也捨其母而用其子棄其本而適其末名則有所分形則有所止雖極其大必有不周雖盛其美必有憂患功在爲之豈足處也

三十九章

昔之得一者

昔始也一數之始而物之極也各是一物之生所以爲主也物皆各得此一以成既成而舍以居成居成則失其母故皆裂發歇竭滅蹶也

天得一以清地得一以寧神得一以靈谷得一以

盈萬物得一以生侯王得一以爲天下貞其致之

各以其一致此清寍靈盈生貞

天無以清將恐裂

用一以致清耳非用清以清也守一則清不失用清則恐裂也故爲功之母不可舍也是以皆無用其功恐喪其本也

地無以寍將恐發神無以靈將恐歇谷無以盈將恐竭萬物無以生將恐滅侯王無以貴高將恐蹶故貴以賤爲本高以下爲基是以侯王自謂孤寡不穀此非以賤爲本邪非乎故致數輿

其反也動詒有其所無則昔通矣故曰反者
高以下爲基貴以賤爲本有以無爲用此
反者道之動

四十章

故不欲也
致數輿乃無輿也王石珠珠珞珞體盡亦然
毋無貴於貴乃以賤爲本高乃以下爲其故
其於故清不足貴盡不足多貴在其母而
清不能爲清盡不能爲盡昔有其母以存
無輿不欲珠珠如玉珞珞如石

無輿不欲琭琭如玉珞珞如石

清不能爲清盈不能爲盈皆有其母以存其形故清不足貴盈不足多貴在其母而母無貴形貴乃以賤爲本高乃以下爲基故致數輿乃無輿也玉石琭琭珞珞體盡於形故不欲也

四十章

反者道之動

高以下爲基貴以賤爲本有以無爲用此其反也動皆知其所無則物通矣故曰反者

道之動也

弱者道之用

柔弱同通不可窮極

天下萬物生於有有生於無

天下之物皆以有爲生有之所始以無爲本

將欲全有必反於無也

四十一章

上士聞道勤而行之

有志也

中士聞道若存若亡下士聞道大笑之不笑不

道之動也

弱者道之用

柔弱同通不可窮極

天下萬物生於有有生於無

天下之物皆以有為生有之所始以無為本

將欲全有必反於無也

四十一章

上士聞道勤而行之

有志也

中士聞道若存若亡下士聞道大笑之不笑不

足以為道故建言有之

建猶立也

明道若昧

光而不耀

進道若退

後其身而身先外其身而身存

夷道若纇

纇坷也大夷之道因物之性不執平以割物

其平不見乃更反若纇坷也

上德若谷

足以爲道故建言有之

建猶立也

明道若昧

光而不耀

進道若退

後其身而身先外其身而身存

夷道若纇

纇坳也大夷之道因物之性不執平以割物

其平不見乃更反若纇坳也

上德若谷

不德其德無所懷也

大白若辱

知其白守其黑大白然後乃得

廣德若不足

廣德不盈廓然無形不可滿也

建德若偷

偷匹也建德者因物自然不立不施故若偷匹

質眞若渝

質真者不矜其眞故渝

大方無隅

不德其德無所懷也

大白若辱

知其白守其黑大白然後乃得

廣德若不足

廣德不盈廓然無形不可滿也

建德若偷

偷匹也建德者因物自然不立不施故若偷匹

質真若渝

質真者不矜其真故渝

大方無隅

有名不當故無稱也

大器晚成

大器成天下不持全別故必晚成也

大音希聲

聽之不聞名曰希不可得聞之音也有聲則有分有分則不宮而商矣分則不能綜衆故有聲者非大音也

大象無形

有形則有分有分者不溫則炎不炎則寒故象而形者非大象

方而不割故無隅也

大器晚成

大器成天下不持全别故必晚成也

大音希聲

聽之不聞名曰希不可得聞之音也有聲則有分有分則不宫而商矣分則不能統衆故有聲者非大音也

大象無形

有形則有分有分者不温則炎不炎則寒故象而形者非大象

道隱無名夫唯道善貸且成

凡此諸善皆是道之所成也在象則爲大象而大象無形在音則爲大音而大音希聲物以之成而不見其成形故隱而無名也貸之非唯供其乏而已一貸之則足以永終其德故曰善貸也成之不如機匠之裁無物而不濟其形故曰善成

四十二章

道生一一生二二生三三生萬物萬物負陰而抱陽沖氣以爲和人之所惡唯孤寡不轂而王公

道隱無名夫唯道善貸且成

凡此諸善皆是道之所成也在象則為大象

而大象無形在音則為大音而大音希聲

物以之成而不見其成形故隱而無名也貸

之非唯供其乏而已一貸之則足以永終其德

故曰善貸也成之不如機匠之裁無物而不

濟其形故曰善成

四十二章

道生一一生二二生三三生萬物萬物負陰而抱陽

沖氣以為和人之所惡唯孤寡不穀而王公以

乍擋大石盆甕齋信勹
其極鬭論大一箇乙至三亏本不一佗箇可近
可含僉多僉斂擋貝近大擋大至畫乙部
異圖系風佗部一者王家主甚又一鄉主一可
主合台其主雖有樂先苦鄉一甚白并有门
有數畫字無過廿又往非道大流技樂苦大
信有一非二台有有一有二參平亍三系樂大
樂乙一一可論樂门論大一語部樂信乍有
樂苦樂先其歸一勹有由叟一由亦樂勹由
又 鄉編技苦攻擋大佗盆攻盆大佗擋

以爲稱故物或損之而益或益之而損

萬物萬形其歸一也何由致一由於無也由無乃一一可謂無已謂之一豈得無言乎有言有一非二如何有一有二遂生乎三從無之有數盡乎斯過此以往非道之流故萬物之生吾知其主雖有萬形沖氣一焉百姓有心異國殊風而得一者王侯主焉以一爲主一何可舍愈多愈遠損則近之損之至盡乃得其極旣謂之一猶乃至三況本不一而道可近乎損之而益豈虛言也

人之所教我亦教之

我之非強使人從之也而用夫自然舉其至理順之必吉違之必凶故人相教違之自取其凶也亦如我之教人勿違之也

強梁者不得其死吾將以爲教父

強梁則必不得其死人相教爲強梁則必如我之教人不當爲強梁也舉其強梁不得其死以教邪若云順吾教之必吉也故得其違教之徒適可以爲教父也

四十三章

四十三章

其違教之所適可以為教父也

得其死以教節若言順善教之必吉也故得

知教之教人不當為强梁也舉其强梁不

强梁則必不得其死人相教為强梁則必

强梁者不得其死吾將以為教父

其凶也亦知教之教人者違之也

理順之必吉違之必凶故人相教違之自取

教之非强使人從之也亦用大自然舉其至

人之所教我亦教之

身與貨孰多

尚名好高其身必殃

名與身孰親

四十四章

不言之教無為之益天下希及之

可持以此推之故知無為之有益也

虛無柔弱無所不通無有不可濟至柔不

無有入無間吾是以知無為之有益

氣無所不入水無所不出於經

天下之至柔馳騁天下之至堅

天下之至柔馳騁天下之至堅

氣無所不入水無所不出於經

無有入無間吾是以知無爲之有益

虛無柔弱無所不通無有不可窮至柔不可折以此推之故知無爲之有益也

不言之教無爲之益天下希及之

## 四十四章

名與身孰親

尚名好高其身必跡

身與貨孰多

貪貨無厭其身必少

得與亡孰病

得多利而亡其身何者爲病也

是故甚愛必大費多藏必厚亡

甚愛不與物通多藏不與物散求之者多

攻之者衆爲物所病故大費厚亡也

知足不辱知止不殆可以長久

四十五章

大成若缺其用不弊

隨物而成不爲一象故若缺也

貪貨無厭其身必少

得與亡孰病

得多利亡其身何者為病也

是故甚愛必大費多藏必厚亡

甚愛不與物通多藏不與物散求之者多

攻之者衆為物所病故大費厚亡也

知足不辱知止不殆可以長久

四十五章

大成若缺其用不弊

隨物而成不為一象故若缺也

大盈若沖其用不窮

大盈沖足隨物而與無所愛矜故若沖也

大直若屈

隨物而直直不在一故若屈也

大巧若拙

大巧因自然以成器不造為異端故若拙也

大辯若訥

大辯因物而言己無所造故若訥也

躁勝寒靜勝熱清靜為天下正

躁罷然後勝寒靜無為以勝熱以此推之

大盈若沖其用不窮

大盈沖足隨物而與無所愛矜故若沖也

大直若屈

隨物而直直不在一故若屈也

大巧若拙

大巧因自然以成器不造爲異端故若拙也

大辯若訥

大辯因物而言己無所造故若訥也

躁勝寒靜勝熱清靜爲天下正

躁罷然後勝寒靜無爲以勝熱以此推之

則清静爲天下正也静則全物之真躁則

犯物之性故惟清静乃得如上諸大也

四十六章

天下有道郤走馬以糞

天下有道知足知止無求於外各修其内

而已故郤走馬以治田糞也

天下無道戎馬生於郊

貪欲無猒不修其内各求於外故戎馬

生於郊也

禍莫大於不知足咎莫大於欲得故知足之足

禍莫大於不知足咎莫大於欲得故知足之足
生於欲也
貪欲無厭不修其內各求於外故致患
天下無道戎馬生於郊
而已故卻走馬以治田糞也
天下有道知足知止無求於外各修其內
天下有道卻走馬以糞
四十六章
氾物之性故惟清靜乃得如上諸大也
則清靜為天下正也靜則全物之真躁則

常足矣

四十七章

不出戶知天下不闚牖見天道

事有宗而物有主途雖殊而同歸也慮雖百而其致一也道有大常理有大致執古之道可以御今雖處於今可以知古始故不出戶闚牖而可知也

其出彌遠其知彌少

無在於一而求之於衆也道視之不可見聽之不可聞搏之不可得如其知之不須出戶

常足矣

四十七章

不出戶知天下不闚牖見天道

事有宗而物有主途雖殊而同歸也慮雖百而其致一也道有大常理有大致執古之道可以御今雖處於今可以知古始故不出戶闚牖而可知也

其出彌遠其知彌少

無在於一而求之於衆也道視之不可見聽之不可聞搏之不可得如其知之不須出戶

若其不知出愈遠愈迷也

是以聖人不行而知不見而名

得物之致故雖不行而慮可知也識物之宗

故雖不見而是非之理可得而名也

不爲而成

明物之性因之而已故雖不爲而使之成矣

四十八章

爲學日益

務欲進其所能益其所習

爲道日損

若其不知出愈遠愈迷也
是以聖人不行而知不見而名
得物之致故雖不行而慮可知也識物之宗
故雖不見而是非之理可得而名也
不為而成
明物之性因之而已故雖不為而使之成矣
四十八章
為學日益
務欲進其所能益其所習
為道日損

四十九章

失統本也

不足以取天下

自己造也

及其有事

動常因也

取天下常以無事

有爲則有所失故無爲乃無所不爲也

損之又損以至於無爲無爲而無不爲

務欲反虛無也

務欲反虛無也
損之又損以至於無爲無爲而無不爲
有爲則有所失故無爲乃無所不爲也
取天下常以無事
動常因也
及其有事
自己造也
不足以取天下
失統本也
四十九章

聖人無常心以百姓心爲心

動常因也

善者吾善之不善者吾亦善之

各因其用則善不失也

德善

無棄人也

信者吾信之不信者吾亦信之德信聖人在

天下歙歙爲天下渾其心百姓皆注其耳目

各用聰明

聖人皆孩之

聖人無常心以百姓心爲心

動常因也

善者吾善之不善者吾亦善之

各因其用則善不失也

德善

無棄人也

信者吾信之不信者吾亦信之德信聖人在

天下歙歙爲天下渾其心百姓皆注其耳目

各用聰明

聖人皆孩之

在智則人與之訟在力則人與之爭智不出
其情矣甚矣害之大也莫大於用其明矣夫
天下之心不必同其所應不敢異則其害用
明廢之以不信察物亦競以其不信應之夫
明以察百姓之情者夫以明察物物亦競以其
黈纊塞耳而無敵於區又何為勞一身之聰
事有其主如此則可免旒免目而不矚於敢
若取之能大則大資貴則貴者宜其宗
成能人謀為謀百姓與能者能者與之資
皆使智所無欲如暴見也夫天地設位置人

皆使和而無欲如嬰兒也夫天地設位聖人成能人謀鬼謀百姓與能者能者與之資者取之能大則大資貴則貴物有其宗事有其主如此則可冕旒充目而不懼於欺黈纊塞耳而無戚於慢又何爲勞一身之聰明以察百姓之情哉夫以明察物物亦競以其明應之以不信察物物亦競以其不信應之夫天下之心不必同其所應不敢異則莫肯用其情矣甚矣害之大也莫大於用其明矣夫在智則人與之訟在力則人與之爭智不出

於人而立乎訟地則窮矣力不出於人而立乎爭地則危矣未有能使人無用其智力乎己者也如此則己以一敵人而人以千萬敵己也若乃多其法綱煩其刑罰塞其徑路攻其幽宅則萬物失其自然百姓喪其手足鳥亂於上魚亂於下是以聖人之於天下歙歙焉心無所主也為天下渾心焉意無所適莫也無所察焉百姓何避無所求焉百姓何應無避無應則莫不用其情矣人無為舍其所能而為其所不能舍其所長

人無爲舍其所能而爲其所不能舍其所長
求區百姓何應無適無應則莫不用其情矣
意無所適莫由無所適區百姓何適無所
天下會歸區於無所主也爲天下運心區
于是息亂於上無亂於下是以聖人之於
路殺其幽困則萬物各得其自然百姓歡其
變己也治以多其法繁嚴其刑罰薄其賞
爭己者也者此則己以一敵人而人以千萬
爭爭則危矣未有能使人無用其智力
於人而甘乎然則遂矣力不出於人而甘

[illegible]者亦[illegible]言者信[illegible]不[illegible]者[illegible]其

所謂百姓皆注其耳目聖人皆孩之而已

五十章

出生入死

出生地入死也

生之徒十有三死之徒十有三人之生動之死

地亦十有三夫何故以其生生之厚蓋聞善

攝生者陸行不遇兕虎入軍不被甲兵兕無

所投其角虎無所措其爪兵無所容其刃夫何

故以其無死地也

而爲其短如此則言者言其所知行者行其所能百姓各皆注其耳目焉吾皆孩之而已

五十章

出生入死

出生地入死地

生之徒十有三死之徒十有三人之生動之死地亦十有三夫何故以其生生之厚蓋聞善攝生者陸行不遇兕虎入軍不被甲兵兕無所投其角虎無所措其爪兵無所容其刃夫何故以其無死地

十有三猶云十分有三分取其生道全生之極十分有三耳取死之道全死之極亦十分有三耳而民生生之厚更之無生之地焉善攝生者無以生爲生故無死地也器之害者莫甚乎兵戈獸之害者莫甚乎兕虎而令兵戈無所容其鋒刃虎兕無所措其爪角斯誠不以欲累其身者也何死地之有乎夫蚖蟺以淵爲淺而鑿穴其中鷹鸇以山爲卑而增巢其上矰繳不能及網罟不能到可謂處於無死地矣然而卒以甘餌乃入於無生

十有三猶云十分有三分取其生道全生之極十分有三耳取死之道全死之極亦十分有三耳而民生生之厚更之無生之地焉善攝生者無以生為生故無死地也器之害者莫甚乎兵戈獸之害者莫甚乎兕虎而令兵戈無所容其鋒刃虎兕無所措其爪角斯誠不以欲累其身者也何死地之有乎夫蚖蟺以淵為淺而鑿穴其中鷹鸇以山為卑而增巢其上矰繳不能及網罟不能到可謂處於無死地矣然而卒以甘餌乃入於無生

以生豈非生生之厚乎故物苟不以求離其
本不以欲渝其真雖入軍而不害陸行而不可犯
也赤子之可則而貴信矣

五十一章

道生之德畜之物形之勢成之
物生而後畜畜而後形形而後成何由而生
道也何得而畜德也何因而形物也何使而成
勢也唯因也故能無物而不形唯勢也故
能無物而不成凡物之所以生功之所以成皆
有所由有所由焉則莫不由乎道也故推而

之地豈非生生之厚乎故物苟不以求離其本不以欲渝其眞雖入軍而不害陸行而不可犯也赤子之可則而貴信矣

## 五十一章

道生之德畜之物形之勢成之

物生而後畜畜而後形形而後成何由而生道也何得而畜德也何由而形物也何使而成勢也唯因也故能無物而不形唯勢也故能無物而不成凡物之所以生功之所以成皆有所由有所由焉則莫不由乎道也故推而

極之亦至道也隨其所因故各有稱焉

是以萬物莫不尊道而貴德

道者物之所由也德者物之所得也由之乃得故曰不得不失尊之則害不得不貴也

道之尊德之貴夫莫之命而常自然

命並作爵

故道生之德畜之長之育之亭之毒之養之覆之

謂成其實各得其庇蔭不傷其體矣

生而不有爲而不恃

生而不有為而不恃
　謂故其實各得其所適不傷其體矣
之
故道生之德畜之長之育之亭之毒之養之覆之
　命並存焉
道之尊德之貴夫莫之命而常自然
　得故曰不得不失尊之則害不得不貴也
　道者物之所由也德者物之所得也由之乃
是以萬物莫不尊道而貴德
　德之長至道之得其所因故各有差品

為而不有

長而不宰是謂玄德

有德而不知其主也出乎幽冥是以謂之玄德也

五十二章

天下有始以為天下母

善始之則善養之矣故天下有始則可以

為天下母矣

既得其母以知其子既知其子復守其母沒身

不殆

母本也子末也得本以知末不舍本以逐末

爲而不有

長而不宰是謂玄德

有德而不知其主也出乎幽冥是以謂之玄德也

五十二章

天下有始以爲天下母

善始之則善養畜之矣故天下有始則可以

爲天下母矣

既得其母以知其子既知其子復守其母沒身

不殆

母本也子末也得本以知末不舍本以逐末

也

塞其兊閉其門

兊事欲之所由生門事欲之所由從也

終身不勤

無事永逸故終身不勤也

開其兊濟其事終身不救

不閉其原而濟其事故雖終身不救

見小曰明守柔曰強

爲治之功不在大見大不明見小乃明守強不強守柔乃強也

也

塞其兌閉其門

兌事欲之所由生門事欲之所由從也

終身不勤

無事永逸故終身不勤也

開其兌濟其事終身不救

不閉其原而濟其事故雖終身不救

見小曰明守柔曰強

為治之功不在大見大不明見小乃明守強不

強守柔乃強也

用其光
韜道以吉凡深
復歸其明
不明察也
無遺身殃是謂習常
道之常也
五十三章
使我介然有知行於大道唯施是畏
言若使我可介然有知行大道於天下唯
施之是畏也

用其光

顯道以去民迷

復歸其明

不明察也

無遺身殃是謂習常

道之常也

五十三章

使我介然有知行於大道唯施是畏

言若使我可介然有知行大道於天下唯

施爲之是畏也

大道甚夷而民好徑

言大道蕩然正平而民猶尚舍之而不由好從邪徑況復施爲以塞大道之中乎故曰大道甚夷而民好徑

朝甚除

朝宮室也除潔好也

田甚蕪倉甚虛

朝甚除則田甚蕪倉甚虛設一而衆害生也

服文綵帶利劒厭飲食財貨有餘是謂夸盜非道也哉

子孫傳此道以祭祀則不輟也

子孫以祭祀不輟

不貪求多聚其所能故不脫也

善抱者不脫

固其根而後營其末故不拔也

善建者不拔

五十四章

道則語絹也

而不以其道歸之於人儀術也故章非道以明非

凡持不以其道歸之則語非也然則絹也令

凡物不以其道得之則皆邪也邪則盜也夸

而不以其道得之竊位也故舉非道以明非

道則皆盜夸也

五十四章

善建者不拔

固其根而後營其末故不拔也

善抱者不脫

不貪於多齊其所能故不脫也

子孫以祭祀不輟

子孫傳此道以祭祀則不輟也

修之於身其德乃眞修之於家其德乃餘

以身及人也修之身則眞修之家則有餘

修之不廢所施轉大

修之於鄉其德乃長修之於國其德乃豐

修之於天下其德乃普故以身觀身以家觀家

以鄉觀鄉以國觀國

彼皆然也

以天下觀天下

以天下百姓心觀天下之道也天下之道逆順

吉凶亦皆如人之道也

吉凶亦若人之道也

以天下百姓心觀天下之道也天下之道以盡

以天下觀天下

彼若然也

以鄉觀鄉以國觀國

修之於天下其德乃普故以身觀身以家觀家

修之於鄉其德乃長修之於國其德乃豐

修之不數所施轉大

以身及人也修之身則真修之家則有餘

修之於身其德乃真修之於家其德乃餘

吾何以知天下然哉以此

此上之所云也言吾何以得知天下乎察已以知之不求於外也所謂不出戶以知天下者也

五十五章

含德之厚比於赤子蜂蠆虺蛇不螫猛獸不據攫鳥不搏

赤子無求無欲不犯衆物故毒蟲之物無犯之人也含德之厚者不犯於物故無物以損其全也

骨弱筋柔而握固

以柔弱之故故握能周固

未知牝牡之合而全作

作長也無物以損其身故能全長也言含德之厚者無物可以損其德渝其眞柔弱不爭而不摧折者皆若此也

精之至也終日號而不嗄

無爭欲之心故終日出聲而不嗄也

和之至也知和曰常

物以和爲常故知和則得常也

蓋以智論帝故智者則貞節也

智以至也智智曰靜

樂帝欲以心故參曰出聲而不亂也

精以至也參曰號而不亂

事而不論所指留指也

以為指樂蓋可以擴其德命其真未諧不

存取也樂蓋以擴其身故能全取也言合德

未智共廿以合而全存

以未諧以故故論誦西回

西諧總未而論回

知者不言

五十六章

物壯則老謂之不道不道早已

心宜無有使氣則強

心使氣曰強

生不可益益之則夭也

益生曰祥

見曰明也

不皦不昧不溫不涼此常也無形不可得而

知常曰明

知常曰明

不皦不昧不温不涼此常也無形不可得而見曰明也

益生曰祥

生不可益益之則夭也

心使氣曰強

心宜無有使氣則強

物壯則老謂之不道不道早已

五十六章

知者不言

因自然也

言者不知

造事端也

塞其兑閉其門挫其銳

含守質也

解其分

除爭原也

和其光

無所特顯則物無所偏爭也

同其塵

因自然也

言者不知

造事端也

塞其兌閉其門挫其銳

含守質也

解其分

除爭原也

和其光

無所特顯則物無所偏爭也

同其塵

五十七章

無物可以加之也

故為天下貴

可得而貴則可得而賤也

不可得而貴不可得而賤

可得而利則可得而害也

不可得而利不可得而害

可得而親則可得而疏也

是謂玄同故不可得而親不可得而疏

無所貴賤則物無所偏重也

無所特賤則物無所偏恥也

是謂玄同故不可得而親不可得而踈

可得而親則可得而踈也

不可得而利不可得而害

可得而利則可得而害也

不可得而貴不可得而賤

可得而貴則可得而賤也

故爲天下貴

無物可以加之也

五十七章

以正治國以奇用兵以無事取天下

以道治國則國平以正治國則奇正起也以無事則能取天下也上章云其取天下者常以無事及其有事又不足以取天下也故以正治國則不足以取天下而以奇用兵也夫以道治國崇本以息末以正治國立辟以攻末本不立而末淺民無所及故必至於奇用兵也

吾何以知其然哉以此天下多忌諱而民彌貧民多利器國家滋昏

以正治國以奇用兵以無事取天下

以道治國則國平以正治國則奇正起也以無事則能取天下也上章云其取天下者常以無事及其有事又不足以取天下也故以正治國則不足以取天下而以奇用兵也夫以道治國崇本以息末以正治國立辟以攻末本不立而末淺民無所及故必至於奇用兵也

吾何以知其然哉以此天下多忌諱而民彌貧民多利器國家滋昬

上之所欲民從之速也我之所欲唯無欲而
民亦無欲而自樸也此四者崇本以息末也
故聖人云我無為而民自化我好靜而民自
正我無事而民自富我無欲而民自樸
皆舍本以治末故以致此也
而民彌貧利器欲以強國者也而國愈昏多
立正欲以息邪而奇兵用多忌諱欲以恥貧
法令滋彰盜賊多有
民多智慧則巧偽生巧偽生則邪事起
人多技巧奇物滋起
利器凡所以利己之器也民強則國家弱

利器凡所以利己之器也民強則國家弱

人多伎巧奇物滋起

民多智慧則巧僞生巧僞生則邪事起

法令滋彰盜賊多有

立正欲以息邪而奇兵用多忌諱欲以恥貧而民彌貧利器欲以強國者也而國愈昏多皆舍本以治末故以致此也

故聖人云我無爲而民自化我好靜而民自正我無事而民自富我無欲而民自樸

上之所欲民從之速也我之所欲唯無欲而

民亦無欲自樸也此四者崇本以息末也

五十八章

其政悶悶其民淳淳

言善治政者無形無名無事無政可舉悶悶然卒至於大治故曰其政悶悶也其民無所爭競寬大淳淳故曰其民淳淳也

其政察察其民缺缺

立刑名明賞罰以檢姦僞故曰察察也殊類分析民懷爭競故曰其民缺缺也

禍兮福之所倚福兮禍之所伏孰知其極其

民亦無欲自樸也此四者崇本以息末也

五十八章

其政悶悶其民淳淳

言善治政者無形無名無事無政可舉悶悶然卒至於大治故曰其政悶悶也其民無所爭競寬大淳淳故曰其民淳淳也

其政察察其民缺缺

立刑名明賞罰以檢姦偽故曰察察也殊類分析民懷爭競故曰其民缺缺也

禍兮福之所倚福兮禍之所伏孰知其極其

言人之來遠矣夫道固人矣不可便正語治以
人之來其曰固人
正善以和萬為則便猶有效之惠也
善猶為教
者
以正治國則便猶以奇用兵矣故曰正猶為
正猶為奇
隱隱然而天下大治是其極也
言論和善治之極乎無可正兼無可治名
兼正

無正

言誰知善治之極乎唯無可正舉無可形名悶悶然而天下大化是其極也

正復爲奇

以正治國則便復以奇用兵矣故曰正復爲奇

善復爲妖

立善以和萬物則便復有妖之患也

人之迷其日固久

言人之迷惑失道固久矣不可便正善治以

責

是以聖人方而不割

以方導物舍去其邪不以方割物所謂大方無隅

廉而不劌

廉清廉也劌傷也以清廉清民令去其邪令去其汙不以清廉劌傷於物也

直而不肆

以直導物令去其僻而不以直激沸於物也所謂大直若屈也

責

是以聖人方而不割

以方導物令去其邪不以方割物所謂大方

無隅

廉而不劌

廉清廉也劌傷也以清廉清民令去其邪

令去其汙不以清廉劌傷於物也

直而不肆

以直導物令去其僻而不以直激沸於物

也所謂大直若屈也

光而不耀
以光鑑其所以迷不以光照求其隱慝也所
謂明道若昧也此言崇本以息末不攻而使
復之也
五十九章
治人事天莫若嗇
莫若猶莫過也嗇農夫農人之治田務去
其殊類歸於齊一也全其自然不急其荒
病除其所以荒病上承天命下綏百姓莫過
於此

光而不燿

以光鑑其所以迷不以光照求其隱慝也所謂明道若昧也此皆崇本以息末不攻而使復之也

五十九章

治人事天莫若嗇

莫若猶莫過也嗇農夫農人之治田務去其殊類歸於齊一也全其自然不急其荒病除其所以荒病上承天命下綏百姓莫過於此

夫唯嗇是謂早服

早服常也

早服謂之重積德

唯重積德不欲銳速然後乃能使早服其常故曰早服謂之重積德者也

重積德則無不克無不克則莫知其極

道無窮也

莫知其極可以有國

以有窮而莅國非能有國也

有國之母可以長久

有圖之中可以求之
以有為而莫圖非能有圖也
莫知其極可以有圖
道無為也
重積德則無不克無不克則莫知其極
常故曰早服謂之重積德者也
唯重積德不欲錄速然後乃能使早服其
早服謂之重積德
早服常也
夫唯嗇是謂早服

不神也

治大國則若烹小鮮以道莅天下則其鬼

以道莅天下其鬼不神

而其主靈靜衆效以旋廣得衆心矣

不擾也躁則多害靜則全真故其國彌大

治大國若烹小鮮

六十章

是謂深根固蒂長生久視之道

故嗇者以得其報也

國之所以存謂之母重積德已克有國其根深

國之所以安謂之母重積德是唯圖其根然

後營末乃得其終也

是謂深根固柢長生久視之道

六十章

治大國若烹小鮮

不擾也躁則多害靜則全眞故其國彌大

而其主彌靜然後乃能廣得衆心矣

以道莅天下其鬼不神

治大國則若烹小鮮以道莅天下則其鬼

不神也

非其鬼不神其神不傷人

神不害自然也物守自然則神無所加神無所加則不知神之爲神也

非其神不傷人聖人亦不傷人

道洽則神不傷人神不傷人則不知神之爲神道洽則聖人亦不傷人聖人不傷人則不知聖人之爲聖也猶云不知神之爲神亦不知聖人之爲聖也夫恃威網以使物者治之衰也使不知神聖之爲神聖道之極也

夫兩不相傷故德交歸焉

非其鬼不神其神不傷人

神不害自然也物守自然則神無所加神無
所加則不知神之爲神也

非其神不傷人聖人亦不傷人

道洽則神不傷人神不傷人則不知神之爲
神道洽則聖人亦不傷人聖人不傷人則不
知聖人之爲聖也猶云不知神之爲神亦不
知聖人之爲聖也夫恃威網以使物者治
之衰也使不知神聖之爲神聖道之極也

夫兩不相傷故德交歸焉

神不傷人聖人亦不傷人聖人不傷人神亦
不傷人故曰兩不相傷也神聖合道交歸之
也

六十一章

大國者下流
江海居大而處下則百川流之大國居大而
處下則天下流之故曰大國下流也
天下之交
天下所歸會也
天下之牝

神不傷人聖人亦不傷人聖人不傷人神亦不傷人故曰兩不相傷也神聖合道交歸之也

六十一章

大國者下流

江海居大而處下則百川流之大國居大而處下則天下流之故曰大國下流也

天下之交

天下所歸會也

天下之牝

靜而不求物自歸之也

牝常以靜勝牡以靜爲下

以其靜故能爲下也牝雌也雄躁動貪欲

雌常以靜故能勝雄也以其靜復能爲下

故物歸之也

故大國以下小國

大國以下猶云以大國下小國

則取小國

小國則附之

小國以下大國則取大國

小國以下大國則取大國
小國則附之
則取小國
大國以下猶言以大國下小國
故大國以下小國
故物歸之也
雌常以靜故能勝雄也以其靜復能為下
以其靜故能為下也牡雄也雄躁動貪欲
牝常以靜勝牡以靜為下
靜而不求為自歸之也

大國納之也

故或下以取或下而取

言唯修卑下然後乃各得其所

大國不過欲兼畜人小國不過欲入事人夫兩者各得其所欲大者宜為下

小國修下自全而已不能令天下歸之大國修下則天下歸之故曰各得其所欲則大者宜為下也

六十二章

道者萬物之奧

大國納之也

故或下以取或下而取

言唯修卑下然後乃各得其所

大國不過欲兼畜人小國不過欲入事人夫兩

者各得其所欲大者宜爲下

小國修下自全而已不能令天下歸之大國

修下則天下歸之故曰各得其所欲則大者

宜爲下也

六十二章

道者萬物之奧

奧猶曖也可得庇蔭之辭

善人之寶

寶以爲用也

不善人之所保

保以全也

美言可以市尊行可以加人

言道無所不先物無有貴於此也雖有珍寶璧馬無以匹之美言之則可以奪衆貨之賈故曰美言可以市也尊行之則千里之外應之故曰可以加於人也

外廉以故曰可以名於人也

以賈故曰美言可以市也尊行以賈千里之

寶驗聽無以因之美言之則可以奪衆貨

言道無所不先物無有貴於此也雖有珍

美言可以市尊行可以加人

保以全也

不善人之所保

寶以為用也

善人之寶

國大猶愛也可佯施禪之深

人之不善何棄之有

不善當保此道以免放

故立天子置三公

言以尊行道也

雖有拱璧以先駟馬不如坐進此道

此道上人所以言也故立天子置三公尊其

位重其人所以爲道也若無有貴於此者

故雖有拱抱寶璧以先駟馬而進之不如

而進此道也

古之所以貴此道者何不曰以求得有罪以免

人之不善何棄之有
不善當保道以免放
故立天子置三公
言以尊行道也
雖有拱璧以先駟馬不如坐進此道
此道上之所云也言故立天子置三公尊其位重其人所以爲道也物無有貴於此者故雖有拱抱寶璧以先駟馬而進之不如坐而進此道也
古之所以貴此道者何不曰以求得有罪以免

邪故爲天下貴

以求則得求以免則得免無所而不施故爲天下貴也

六十三章

爲無爲事無事味無味

以無爲爲居以不言爲教以恬淡爲味治之極也

大小多少報怨以德

小怨則不足以報大怨則天下之所欲誅順天下之所同者德也

天下之所同者德也

小弱則不足以擬大弱則天下之所設擬區

大小多少擬弱以德

之極也

以無爲爲所以不言爲教以任派爲果治

爲無爲事無事果無果

六十三章

天下貴也

以求則得以免則得免無所宅不勸故爲

非故爲天下貴

圖難於其易為大於其細天下難事必作於
易天下大事必作於細是以聖人終不為大故
能成其大夫輕諾必寡信多易必多難是以
聖人猶難之
以聖人之才猶尚難於細易況非聖人之才
而欲忽於此乎故曰猶難之也
故終無難矣
六十四章
其安易持其未兆易謀
以其安不忘危持之不忘亡謀之無功之勢

圖難於其易爲大於其細天下難事必作於易天下大事必作於細是以聖人終不爲大故能成其大夫輕諾必寡信多易必多難是以

聖人猶難之

以聖人之才猶尚難於細易况非聖人之才而欲忽於此乎故曰猶難之也

故終無難矣

六十四章

其安易持其未兆易謀

以其安不忘危持之不忘亡謀之無功之勢

故曰易也

其脆易泮其微易散

雖失無入有以其微脆之故未足以興大功故易也此四者皆說慎終也不可以無之故而不持不可以微之故而弗散也無而弗持則生有焉微而不散則生大焉故慮終之患如始之禍則無敗事

爲之於未有

謂其安未兆也

治之於未亂

故曰易也

其脆易泮其微易散

雖失無入有以其微脆之故未足以興大功

故易也此四者皆說慎終也不可以無之故

而不持不可以微之故而弗散也無而弗持

則生有焉微而不散則生大焉故慮終之

患如始之禍則無敗事

為之於未有

謂其安未兆也

治之於未亂

臨發禍也
合抱之木生於毫末九層之臺起於累土千里
之行始於足下為者敗之執者失之
當以慎終際微慎微際圖以持泊之兆
合詐之人只主事詐巧辟滋作故敗失也
是以聖人無為故無敗無執故無失民之從事
常於幾成而敗之
不慎終也
慎終若始則無敗事是以聖人欲不欲不貴難
得之貨

謂微脆也

合抱之木生於毫末九層之臺起於累土千里之行始於足下為者敗之執者失之

當以慎終除微慎微除亂而以施為治之形名執之反生事原巧辟滋作故敗失也

是以聖人無為故無敗無執故無失民之從事常於幾成而敗之

不慎終也

慎終如始則無敗事是以聖人欲不欲不貴難得之貨

好欲雖微爭尚爲之興難得之貨雖細貪盜爲之起也

學不學復衆人之所過

不學而能者自然也喻於學者過也故學不學以復衆人之過

以輔萬物之自然而不敢爲

六十五章

古之善爲道者非以明民將以愚之

明謂多見巧詐蔽其樸也愚謂無知守眞順自然也

好欲雖微爭尚爲之興難得之貨雖細貪
盜爲之起也
學不學復衆人之所過
不學而能者自然也喻於學者過也故學
不學以復衆人之過
以輔萬物之自然而不敢爲
六十五章
古之善爲道者非以明民將以愚之
明謂多見巧詐蔽其樸也愚謂無知守真順
自然也

民之難治以其智多

多智巧詐故難治也

故以智治國國之賊

智猶治也以智而治國所以謂之賊者故謂之智也民之難治以其多智也當務塞兌閉門令無知無欲而以智術動民邪心既動復以巧術防民之偽民知其術防隨而避之思惟密巧奸偽益滋故曰以智治國國之賊也

不以智治國國之福知此兩者亦楷式常知楷式是謂玄德玄德深矣遠矣

民之難治以其智多

多智巧詐故難治也

故以智治國國之賊

智猶治也以智而治國所以謂之賊者故謂之智也民之難治以其多智也當務塞兌閉門令無知無欲而以智術動民邪心既動復以巧術防民之僞民知其術防隨而避之思惟密巧奸僞益滋故曰以智治國國之賊也

不以智治國國之福知此兩者亦稽式常知稽式是謂玄德玄德深矣遠矣

稽同也今古之所同則而不可廢能知稽式

是謂玄德玄德深矣遠矣

與物反矣

反其眞也

然後乃至大順

六十六章

江海所以能爲百谷王者以其善下之故能爲

百谷王是以欲上民必以言下之欲先民必以

身後之是以聖人處上而民不重處前而民

不害是以天下樂推而不厭以其不爭故天下

稽同也今古之所同則而不可廢能知稽式

是謂玄德玄德深矣遠矣

與物反矣

反其真也

然後乃至大順

六十六章

江海所以能爲百谷王者以其善下之故能爲

百谷王是以欲上民必以言下之欲先民必以

身後之是以聖人處上而民不重處前而民不

害是以天下樂推而不厭以其不爭故天下

莫能與之爭

六十七章

天下皆謂我道大以不肖夫唯大故以不肖若

肖久矣其細也夫

久矣其細猶曰其細久矣肖則失其所以爲

大矣故曰若肖久矣其細也夫

我有三寶持而保之一曰慈二曰儉三曰不敢

爲天下先慈故能勇

夫慈以陳則勝以守則固故能勇也

儉故能廣

莫能與之爭

六十七章

天下皆謂我道大似不肖夫唯大故似不肖若肖久矣其細也夫

久矣其細猶曰其細久矣肖則失其所以爲大矣故曰若肖久矣其細也夫

我有三寶持而保之一曰慈二曰儉三曰不敢爲天下先慈故能勇

夫慈以陳則勝以守則固故能勇也

儉故能廣

節儉愛費天下不匱故能廣也

不敢爲天下先故能成器長

唯後外其身爲物所歸然後乃能立成器

爲天下利爲物之長也

今舍慈且勇

且猶取也

舍儉且廣舍後且先死矣夫慈以戰則勝

相慜而不避於難故勝也

以守則固天將救之以慈衛之

六十八章

節儉愛費天下不匱故能廣也

不敢為天下先故能成器長

唯後外其身為物所歸然後乃能立成器

為天下利為物之長也

今舍慈且勇

且猶取也

舍儉且廣舍後且先死矣夫慈以戰則勝

相慜而不避於難故勝也

以守則固天將救之以慈衛之

## 六十八章

善為士者不武

士卒之帥也武尚先陵人也

善戰者不怒

後而不先應而不唱故不在怒

善勝敵者不與

不與爭也

善用人者為之下是謂不爭之德是謂用人之力

用人而不為之下則力不為用也

是謂配天古之極

善爲士者不武

士卒之帥也武尚先陵人也

善戰者不怒

後而不先應而不唱故不在怒

善勝敵者不與

不與爭也

善用人者爲之下是謂不爭之德是謂用人之力

用人而不爲之下則力不爲用也

是謂配天古之極

六十九章

用兵有言吾不敢爲主而爲客不敢進寸而退尺是謂行無行

彼遂不止

攘無臂扔無敵

行謂行陳也言以謙退哀慈不敢爲物先用戰猶行無行攘無臂執無兵扔無敵也言無有與之抗也

執無兵禍莫大於輕敵輕敵幾喪吾寶

言吾哀慈謙退非欲以取強無敵於天下也

六十九章

用兵有言吾不敢為主而為客不敢進寸而

退尺是謂行無行

彼遂不止

攘無臂扔無敵

行謂行陳也言以謙退哀慈不敢為天下先

用戰猶行無行攘無臂執無兵扔無敵也

言無有與之抗也

執無兵禍莫大於輕敵輕敵幾喪吾寶

言吾哀慈謙退非欲以取強無敵於天下也

不得已而卒至於無敵斯乃吾之所以爲大禍也寳三寳也故曰幾亡吾寳

故抗兵相加哀者勝矣

抗舉也加當也哀者必相惜而不趣利避害故必勝

七十章

吾言甚易知甚易行天下莫能知莫能行

可不出戶窺牖而知故曰甚易知也無爲而成故曰甚易行也惑於躁欲故曰莫之能知也迷於榮利故曰莫之能行也

言有宗事有君

宗萬物之宗也君萬物之主也

夫唯無知是以不我知

以其言有宗事有君之故故有知之人不得不知之也

知我者希則我者貴

唯深故知者希也知我益希我亦無匹故曰知我者希則我者貴也

是以聖人被褐懷玉

被褐者同其塵懷玉者寶其眞也聖人

言有宗事有君

宗萬物之宗也君萬物之主也

夫唯無知是以不我知

以其言有宗事有君之故故有知之人不

得不知之也

知我者希則我者貴

唯深故知者希也知我益希我亦無匹故曰

知我者希則我者貴也

是以聖人被褐懷玉

被褐者同其塵懷玉者寶其真也聖人

人所以難知以其同塵而不殊懷玉而不渝

故難知而爲貴也

七十一章

知不知上不知知病

不知知之不足任則病也

夫唯病病是以不病聖人不病以其病病是以

不病

七十二章

民不畏威則大威至無狎其所居無厭其所

生

之所以難知以其同塵而不殊懷玉而不渝故難知而爲貴也

七十一章

知不知上不知知病不知知之不足任則病也

夫唯病病是以不病聖人不病以其病病是以不病

七十二章

民不畏威則大威至無狎其所居無厭其所生

清淨無爲謂之居謙後不盈謂之生離其清淨行其躁欲棄其謙後任其威權則物擾而民僻威不能復制民民不能堪其威則上下大潰矣天誅將至故曰民不畏威則大威至無狎其所居無厭其所生言威力不可任也

夫唯不厭

不自厭也

是以不厭

不自厭是以天下莫之厭

清淨無爲謂之居謙後不盈謂之主雖其
清淨行其躁欲棄其謙後任其威權則物
擾而民僻威不能復制民民不能堪其威
則上下大潰矣天誅將至故曰民不畏威則
大威至無御其所居無厭其所主言威力
不可任也
夫唯不厭
不自厭也
是以不厭
不自厭是以天下莫之厭

是以聖人自知不自見

不自見其所知以光耀行威也

自愛不自貴

自貴則物狎厭居生

故去彼取此

七十三章

勇於敢則殺

必不得其死也

勇於不敢則活

必齊命也

是以聖人自知不自見
不自見其所知以光燿行威也
自愛不自貴
自貴則物狎厭居生
故去彼取此
七十三章
勇於敢則殺
必不得其死也
勇於不敢則活
必齊命也

此兩者或利或害

俱勇而所施者異利害不同故曰或利或害也

天之所惡孰知其故是以聖人猶難之

孰誰也言誰能知天下之所惡意故邪其唯聖人夫聖人之明猶難於勇敢況無聖人之明而欲行之也故曰猶難之也

天之道不爭而善勝

天唯不爭故天下莫能與之爭

不言而善應

此兩者或利或害

俱勇而所施者異其利害不同故曰或利或害也

天之所惡孰知其故是以聖人猶難之

孰誰也言誰能知天下之所惡意故邪其唯聖人夫聖人之明猶難於勇敢況無聖人之明而欲行之也故曰猶難之也

天之道不爭而善勝

夫唯不爭故天下莫能與之爭

不言而善應

順則吉逆則凶不言而善應也
不召而自來
處下則物自歸
繟然而善謀
垂象而見吉凶先事而設誡安而不忘危未
召而謀之故曰繟然而善謀也
天網恢恢疏而不失
七十四章
民不畏死奈何以死懼之若使民常畏死而
為奇者吾得執而殺之孰敢

順則吉逆則凶不言而善應也

不召而自來

處下則物自歸

繟然而善謀

垂象而見吉凶先事而設誡安而不忘危未召而謀之故曰繟然而善謀也

天網恢恢䟽而不失

七十四章

民不畏死奈何以死懼之若使民常畏死而爲奇者吾得執而殺之孰敢

詭異亂羣謂之奇也

常有司殺者殺夫代司殺者殺是謂代大匠

斲夫代大匠斲者希有不傷其手矣

爲逆順者之所惡忿也不仁者人之所疾也

故曰常有司殺也

七十五章

民之饑以其上食稅之多是以饑民之難治以

其上之有爲是以難治民之輕死以其求生之

厚是以輕死夫唯無以生爲者是賢於貴生

言民之所以僻治之所以亂皆由上不由其

詭異亂群謂之奇也
常有司殺者殺夫代司殺者殺是謂代大匠
斲夫代大匠斲者希有不傷其手矣
為逆順者之所惡忿也不仁者人之所疾也
故曰常有司殺也

七十五章

民之饑以其上食稅之多是以饑民之難治以
其上之有為是以難治民之輕死以其求生之
厚是以輕死夫唯無以生為者是賢於貴生
言民之所以僻治之所以亂皆由上不由其

下也明從上也

七十六章

人之生也柔弱其死也堅強萬草木之生也柔脆其死也枯槁故堅強者死之徒柔弱者生之徒是以兵強則不勝

強兵以暴於天下者物之所惡也故必不得勝

木強則兵

物所加也

強大處下

下也民從上也

## 七十六章

人之生也柔弱其死也堅強萬物草木之生也柔脆其死也枯槁故堅強者死之徒柔弱者生之徒是以兵強則不勝

強兵以暴於天下者物之所惡也故必不得勝

木強則兵

物所加也

強大處下

木之本也

柔弱處上

枝條是也

七十七章

天之道其猶張弓與高者抑之下者舉之有餘者損之不足者補之天之道損有餘而補不足人之道則不然

與天地合德乃能包之如天之道如人之量則各有其身不得相均如惟無身無私乎自然然後乃能與天地合德

木之本也

柔語虛上

校讎明也

七十七章

天之道其猶張弓與高者抑之下者舉之有
餘者損之不足者補之天之道損有餘而補不
足人之道則不然

與天地合德乃能同乎天之道合人之量
則各有其身不得相通名有無身無私自
然衆後乃能與天地合德

損不足以奉有餘孰能有餘以奉天下唯有
道者是以聖人為而不恃功成而不處其不
欲見賢

言唯能虛盈而全虛損有以補無和光同
塵蕩而均者唯其道也是以聖人不欲示
其賢以均天下

七十八章

天下莫柔弱於水而攻堅強者莫之能勝其無
以易之

以用也其體也言用之柔弱無與可以

損不足以奉有餘孰能有餘以奉天下唯有道者是以聖人爲而不恃功成而不處其不欲見賢

言唯能處盈而全虛損有以補無和光同塵蕩而均者唯其道也是以聖人不欲示其賢以均天下

七十八章

天下莫柔弱於水而攻堅強者莫之能勝其無以易之

以用也其謂水也言用水之柔弱無物可以

易之也

弱之勝強柔之勝剛天下莫不知莫能行是以

聖人云受國之垢是謂社稷主受國不祥是爲

天下王正言若反

七十九章

和大怨必有餘怨

不明理其契以致大怨已至而德和之其傷不

復故有餘怨也

安可以爲善是以聖人執左契

左契防怨之所由生也

易之也
弱之勝強柔之勝剛天下莫不知莫能行是以
聖人云受國之垢是謂社稷主受國不祥是為
天下王正言若反

七十九章

和大怨必有餘怨
不明理其契以致大怨已至而德和之其傷不
復故有餘怨也
安可以為善是以聖人執左契
古契刻怨之所由生也

而不責於人有德司契
有德之人念思其契不念怨妄生所以責於
人也
無德司徹
徹司人之過也
天道無親常與善人

八十章

小國寡民
國既小民又寡尚可使反古况國大民衆乎
故舉小國而言也

而不責於人有德司契

有德之人念思其契不念怨生而後責於人也

無德司徹

徹司人之過也

天道無親常與善人

八十章

小國寡民

國既小民又寡尚可使反古況國大民衆乎故舉小國而言也

使有什伯之器而不用

言使民雖有什伯之器而無所用何患不足也

使民重死而不遠徙

使民不用惟身是寶不貪貨賂故各安其居重死而不遠徙也

雖有舟輿無所乘之雖有甲兵無所陳之使人復結繩而用之甘其食美其服安其居樂其俗鄰國相望雞犬之聲相聞民至老死不相往來

使有什伯之器而不用
言使民雖有什伯之器而無所用何患不足
也
使民重死而不遠徙
使民不用惟身是寶不貪貨賂故各安其
居重死而不遠徙也
雖有舟輿無所乘之雖有甲兵無所陳之使
人復結繩而用之甘其食美其服安其居樂其
俗鄰國相望雞犬之聲相聞民至老死不相往
來

無所欲求

八十一章

信言不美

實在質也

美言不信

本在樸也

善者不辯辯者不善知者不博

極在一也

博者不知聖人不積

無私自有唯善是與任物而已

無所欲求

八十一章

信言不美

實在質也

美言不信

本在樸也

善者不辯辯者不善知者不博

極在一也

博者不知聖人不積

無私自有唯善是與任物而已

旣以爲人己愈有

物所尊也

旣以與人己愈多

物所歸也

天之道利而不害

動常生成之也

聖人之道爲而不爭

順天之利不相傷也

既以為人己愈有
以為人所尊也
既以與人己愈多
物所歸也
天之道利而不害
動常生成之也
聖人之道為而不爭
謂天之和合不相傷也

老子道德經下篇終

老子道德經下篇終

王弼老子道德經二卷眞得老子之學歟蓋嚴君平指歸之流也其言仁義與禮不能自用必待道以用之天地萬物各得於一豈特有功於老子哉凡百學者蓋不可不知乎此也予於是知弼本深於老子而易則末矣其於易多假諸老子之言而老子無資於易者其有餘不足之迹斷可見也嗚呼學其難哉弼知佳兵者不祥之器至於戰勝以喪禮處之非老子之言乃不知常善救人故無棄

人常善救物故無棄物獨得諸河上公而古本無有也賴傅奕能存之爾然弼題是書曰道德經不析乎道德而上下之猶近於古歟其文字則多謬誤殆有不可讀者令人惜之嘗謂弼之於老子張湛之於列子郭象之於莊子杜預之於左氏范甯之於穀梁毛萇之於詩郭璞之於爾雅完然成一家之學後世雖有作者未易加也予既繕寫弼書并以記之政和乙未十月丁丑嵩山晁說之鄜時記

克伏誦咸平聖語有曰老子道德經治世之要明皇解雖燦然可觀王弼所注言簡意深眞得老氏清淨之旨克自此求弼所注甚力而近世希有蓋久而後得之往歲攝建寧學官嘗以刊行既又得晁以道先生所題本不分道德而上下之亦無篇目喜其近古繕寫藏之乾道庚寅分教京口復鏤板以傳若其字之謬訛前人已不能證克焉敢輒易姑俟夫知者三月二十四日左從事郎充鎮江府府學

者三日二十四日人主從事郎充廣江府學
說前人已不能讀克愚敢輒易始條夫治
寅分教京口復纂校以傳諸其字之譯
之亦無篇目書其近古繕寫藏之乾道庚
已張以道先生所題本不分道德上下
往歲攜建寧學官當以中行既又得之
鴻所注其間乃知近世希有蓋又而後得之
簡奧深之真得老氏清淨之旨克自此求
由以要明皇解雖淺觀可識王鴻所注言
克伏誦前年聖語有曰老子道德經治

教授熊克謹記